Robert Pöhlmann

Hellenische Anschauungen über den Zusammenhang zwischen Natur und Geschichte

Robert Pöhlmann

Hellenische Anschauungen über den Zusammenhang zwischen Natur und Geschichte

ISBN/EAN: 9783743359819

Hergestellt in Europa, USA, Kanada, Australien, Japan

Cover: Foto ©ninafisch / pixelio.de

Manufactured and distributed by brebook publishing software (www.brebook.com)

Robert Pöhlmann

Hellenische Anschauungen über den Zusammenhang zwischen Natur und Geschichte

Hellenische Anschauungen

über den Zusammenhang

zwischen

Natur und Geschichte

Als Habilitationsschrift der hohen philosophischen Fakultät
der Universität Erlangen vorgelegt

von

Dr. Robert Pöhlmann.

Curtius hat in seiner am Leibnitztag in der Berliner Akademie gehaltenen Festrede über „Philosophie und Geschichte" mit Recht darauf hingewiesen, daß nirgends so früh als bei den Hellenen der Sinn für geschichtliche Betrachtung wach geworden ist.[1]) Er hat diesen Sinn, weil er von Anfang an die einzelnen Dinge in größerem Zusammenhang anzuschauen gesucht hat, einen philosophischen genannt, indem er darauf hinweist, wie Herodot den einzelnen Krieg, den er beschreibt, als Glied einer Kette auffaßt, der er sich mit Nothwendigkeit einfügt, wie Thukydides den gesetzmäßigen Verlauf der vaterländischen Geschichte im gleichzeitigen Aufkommen der Tyrannis an den verschiedensten Orten erkennt und den großen Staatenkrieg von Anfang an in Beziehung auf die ganze Geschichte und als eine innere Krisis des Volkscharakters aufgefaßt, wie ferner Theopomp mit dem Auftreten des Makedoniers, Polybius mit Roms Weltherrschaft den Beginn eines neuen Zeitalters erkannt hat.

Neben dieser, ich möchte sagen, sokratischen Feinfühligkeit für das im Individuellen liegende Allgemeine, welche schon den gleichzeitigen Historiker befähigte, die Stellung und Bedeutung des einzelnen Ereignisses innerhalb des allgemeinen

---

1) Monatsberichte der Berliner Akademie. Juli, August 1873.

geschichtlichen Processes richtigen Blickes zu erfassen, neben diesem philosophischen Elemente in der hellenischen Geschichtschreibung gebricht es nicht an dem klaren Bewußtsein von der Nothwendigkeit der kritischen Analyse des Stoffes im Einzelnen (Thukydides), noch auch an der bewußten Einsicht, daß es vor Allem darauf ankomme, die Dinge in ihrem inneren Zusammenhange zu verstehen, daß eine noch so formvollendete Darstellung geschichtlicher Thatsachen werthlos ist, wenn sie dieselben nicht nach ihren Voraussetzungen und Wirkungen zu erklären und damit aus ihrer Vereinzelung herauszuheben im Stande ist (Polybius). Es fehlte also, sowohl was Begabung als methodische Einsicht betrifft, nicht an der allgemeinen Basis, von der aus die Geschichtskunde auf das Niveau einer Wissenschaft erhoben werden konnte. Wenn trotzdem diejenigen Forderungen, welche sich die Geschichtswissenschaft gegenüber bloßer Geschichtserzählung stellt, nur von einzelnen Koryphäen bis zu einem gewissen Grade erfüllt worden sind, so lag dieß wesentlich daran, daß sich die Alten einer einseitig ästhetischen Auffassung der Historie so wenig zu entziehen vermochten. Nicht bloß der allgemeine Geschmack, auch die Theorie wandte sich viel mehr der künstlerischen Gestaltung als der methodischen Kritik des Stoffes zu, und was Lukian über den historischen Stil, was Polybius, Dionysius und Plutarch über die vom historischen Kunstwerk im Unterschied von Malerei und dramatischer Poesie bezweckte Wirkung und ähnliche mehr ins Bereich der Aesthetik als der Historik gehörige Dinge gesagt haben, lag offenbar der vorherrschenden Anschauung von der Geschichtschreibung als eines **Kunstproduktes** bei weitem näher, als etwa eine Methodenlehre der historischen Forschung.

Wenn daher Droysen in seiner „Historik" die Thatsache, daß das hellenische Alterthum uns zwar eine Poetik, Politik und Ethik, aber keine Historik hinterlassen hat, damit zu erklären sucht, daß nach der genialen Historiographie der marathonischen und perikleischen Zeit Isokrates und nicht Aristoteles eine historische Schule bildete, wodurch die Geschichte ein Theil der Rhetorik und sogenannten schönen Literatur geworden ist, so scheint das den Kern der Sache nicht zu treffen. Die tiefere Ursache, welche die Geschichtschreibung in falsche Bahnen gelenkt hat, ist doch nicht darin zu suchen, daß sich eine Rhetorenschule der Geschichte bemächtigte — das ist nur Symptom nicht Ursache — sondern vielmehr in der Popularität der schon von Thukydides bekämpften Geschichtsauffassung, welche die Forderung eines kritischen Durchforschens und Sichtens des Stoffes, einer auf gewissenhafter Analyse und besonnener Combination beruhenden Erklärung des inneren Zusammenhanges in den Hintergrund zurücktreten ließ und es eben dadurch ermöglichte, daß die Historie in solchem Umfange eine Domäne von Rhetoren und unberufenen Literaten geworden ist.[1])

Wenn schon Aristoteles die Geschichte minder ernst und philosophisch erschien als die Poesie, weil diese mehr auf's Allgemeine, jene auf's Besondere gehe, so ist es Angesichts der bezeichneten Entwicklung der Historiographie leicht begreif-

---

1) Vgl. über diese Art historischer Literatur Lukians köstliche Schrift: Πῶς δεῖ ἱστορίαν συγγράφειν. Bezeichnend ist die Warnung Lukians: (ed. Ern. Bekker II. p. 22. c. 5) τὸ δὲ οἶσθά που καὶ αὐτός, ὡς οὐ τῶν εὐμεταχειρίστων οὐδὲ ῥαθύμως συντιθέναι δυναμένων τοῦτ᾽ ἐστίν, ἀλλὰ εἴ τι ἐν λόγοις καὶ ἄλλο πολλῆς τῆς φροντίδος δεόμενον, ἤν τις ὡς Θουκυδίδης φησὶν ἐς ἀεὶ κτῆμα συντιθείη.

lich, daß man am Ende noch viel weiter ging und zu einer rein skeptischen Auffassung der Geschichte gekommen ist. Auch wir haben in neuerer Zeit die Erfahrung gemacht, daß man die ganze bisherige Behandlungsweise der Geschichte als eine verworrene und anarchische Erscheinung hingestellt hat, daß man zwar im geschichtlichen Leben nicht minder als in der Natur das Walten allgemeiner Gesetze anerkennt, aber der bisherigen Geschichtschreibung jede wissenschaftliche Einsicht in diesen gesetzmäßigen Zusammenhang abspricht und ihr, wie neuestens Lazarus, ganz dieselbe Stellung zuweist, welche gegenüber der Botanik die Gärtnerei einnimmt, die ihre Kunst der Gartenpflege allerdings oft mit genialem Takt, aber ohne alle Kenntniß der physiologischen Gesetze der Pflanzenwelt betreibt.[1]) Allein während diese Art moderner Skepsis die Möglichkeit einer wissenschaftlichen Behandlung ausdrücklich anerkennt, ist bereits die Antike in der Negation so weit gegangen, daß man den geschichtlichen Proceß selbst vielfach für eine anarchische Erscheinung erklärt hat, oder, wie sich der Empiriker Sextus ausdrückt, in der Geschichte nichts als ein unwissenschaftliches empirisches Aggregat ($\dot{\alpha}\mu\acute{\epsilon}\vartheta o\delta o\nu\ \pi\alpha\varrho\acute{\alpha}\pi\eta\gamma\mu\alpha$, $\H{v}\lambda\eta\ \dot{\alpha}\mu\acute{\epsilon}\vartheta o\delta o\varsigma$) erblicken wollte, welches sich einer methodischen Erkenntniß und Darstellung überhaupt entziehe.[2])

Wenn man bedenkt, daß diese Auffassung — wenigstens nach dem Zeugniß des genannten Schriftstellers — in den späteren Zeiten des Alterthums eine sehr verbreitete war, und daß das allgemeine Niveau der Masse historischer Literatur in der That nur zu sehr geeignet war, eine derartige theore-

---

1) cf. J. B. Meyer: Neue Versuche einer Philosophie der Geschichte. Sybels historische Zeitschrift 25. S. 330.
2) Adversus gram. ed. Fabr. I. 12, p. 270 ff.

tische Ueberzeugung aufkommen zu lassen, so möchte man, trotz der oben angedeuteten Züge einer philosophisch-kritischen Behandlung der Geschichte, von vorneherein wohl geneigt sein, die voraussichtlichen Resultate einer Untersuchung zu unterschätzen, welche etwa durch eine genaue Analyse aller Einzelleistungen auf dem Gebiete der Geschichte und ihrer Hülfswissenschaften Rechenschaft darüber geben wollte, was denn nun eigentlich das hellenische Volk für den Fortschritt einer **methodischen** Erkenntniß der Geschichte quantitativ und qualitativ geleistet hat. Immerhin wird jedoch, wenn einmal all' jene zerstreuten und daher dem Blicke vielfach entgehenden Züge zu einem einheitlichen Bilde vereinigt sein werden, der Gesammteindruck ohne Zweifel ein günstigerer sein, als es wohl jetzt noch der Fall ist.

Eine ähnliche Untersuchung, wie sie uns hier im Interesse einer Geschichte der historischen Wissenschaft gefordert erscheint, hat auch Niebuhr im Auge gehabt, wenn er in seiner Abhandlung über die Geographie Herodots (1812) bemerkt, daß es seit dem Erwachen einer kritischen Behandlung der Historie und des Alterthums immer mehr erkannt würde, wie auch das fleißigste Studium der Quellen kein Licht und keine Wahrheit gewähren kann, wenn der Leser nicht den Standpunkt faßt, von wo, und die Media kennt, wodurch der Schriftsteller sah, dessen Berichte er vernimmt.[1] Niebuhr hat an genannter Stelle nur ein einziges der „wesentlichen Werke dieser philologischen Kritik" hervorgehoben: „Die Entdeckung der Vorstellung griechischer Schriftsteller von der Gestalt der Erde, von der Lage, den Umrissen, der Größe und

---

[1] Kleine historische und philologische Schriften, I. S. 132.

der Beschaffenheit der ihnen bekannten Länder." — Wenn wir die hier gestellte Aufgabe dahin erweitern, daß wir eine **Darlegung der griechischen Vorstellungen von dem Zusammenhang zwischen diesen physischen Verhältnissen und der geschichtlichen Entwicklung der Völker** verlangen, so haben wir damit eine der wesentlichsten Fragen bezeichnet, welche die angedeutete Untersuchung über die Verdienste der Hellenen um eine systematische Geschichtserkenntniß zu lösen hat. Ist es ja doch gerade die Wirksamkeit des **Naturfaktors** in der Geschichte, dessen Erkenntniß den Neueren vielfach allein die Möglichkeit zu eröffnen schien, die Geschichte „zum Rang einer Wissenschaft zu erheben."

Die ebengenannte Frage ist es, an deren Lösung sich diese Abhandlung betheiligen will. Allerdings hat man schon mehrfach auf die eine oder andere jener Aeußerungen der Alten hingewiesen, aus denen sich erkennen läßt, daß auch sie bereits in dem Bestreben, durch Herstellung eines ursächlichen Zusammenhanges die einzelnen Erscheinungen des geschichtlichen Lebens in ihrer Bedingtheit oder Nothwendigkeit zu verstehen, das **physikalische** Moment herangezogen und die Abhängigkeit der Geschichte von der Natur zum Gegenstand der Forschung gemacht haben. Allein alles, was man bisher für die Geschichte dieser Bestrebungen der Alten geleistet hat, besteht nur in gelegentlichen, da und dort zerstreuten Andeutungen, wichtige Punkte sind überhaupt noch gar nicht hervorgehoben, so daß wir weit davon entfernt sind, von der Gesammtleistung der Antike für eines der wichtigsten Probleme historischer Forschung eine genügende Anschauung zu besitzen.

Wir sind seit Humboldt und Ritter gewohnt, einen wesentlichen Beitrag zur Lösung dieses Problems von der Erdkunde zu erwarten, und doch enthält keine der bisherigen Darstellungen der antiken Geographie mehr als die ersten Anfänge zu einer Geschichte der Versuche, welche bereits die Alten zur Lösung desselben unternahmen. — Dem ersten, der unter uns eine wissenschaftliche Darstellung der geschichtlichen Entwicklung des geographischen Wissens bei den Alten versucht hat, nämlich Mannert, lag ein solcher Gesichtspunkt noch gänzlich ferne. Auch in Ukerts Geschichte der antiken Erdkunde, welche allerdings schon durch die Berücksichtigung der physischen Geographie einen wesentlichen Fortschritt gegenüber Mannert bekundet, macht sich doch die Thatsache, daß sie noch eben (1816) vor Ritters „Erdkunde im Verhältniß zur Natur und zur Geschichte des Menschen" (1817) erschienen, recht deutlich darin bemerkbar, daß wir bei Ukert von all den zahlreichen Versuchen einer Verknüpfung der Natur und Geschichte nur über die Bemerkungen des Hippokrates zur physischen Geographie etwas zu hören bekommen und auch über diese nur soviel, „daß sie uns zeigen, wie sorgfältig er den Einfluß des Klimas auf Körper und Geist des Menschen beobachtete".[1] Freilich bietet noch fast ein Menschenalter nach der schöpferischen Neugestaltung der Erdkunde durch Ritter das Werk Forbigers (1. Aufl. 1842) eine rein äußerliche Geschichte der alten Geographie, welche für eine Darstellung der genannten Bestrebungen nirgends Raum hatte. Ritter selbst hat in seinen Vorlesungen über die Geschichte der Erdkunde und Entdeckungen (gedr. 1861) wohl auf die „Parallele zwischen physischen und geschichtlichen Verhältnissen" und die Betrachtungen über den „Zusammenhang zwischen Bodenform und

---

[1] Geographie der Griechen und Römer I, 1. 79.

Völkergeschichte" hingewiesen, welche sich bei modernen Bearbeitern der griechischen Geschichte, wie Grote und Curtius, finden, ist aber auf das, was die Griechen selbst in dieser Beziehung gethan, nirgends eingegangen. Erst Peschel hat in seiner „Geschichte der Erdkunde" (1. Aufl. 1865) nicht nur im Allgemeinen hervorgehoben, mit welch großem Aufwand von Scharfsinn die Alten den Einfluß der Natur auf die Schicksale der menschlichen Gesellschaften untersuchten, sondern auch die Art der Leistungen Einzelner näher charakterisirt.[1]) Doch sind es auch hier nur Hippokrates und Strabo und bei diesen wieder nur einzelne bedeutsame Züge, welche Peschel in seiner kurzen Uebersicht berücksichtigen konnte. Trotzdem bietet er auf zwei Seiten das Beste, was die Geschichte der Geographie für unsere Frage geleistet hat. Denn das neueste große Werk auf diesem Gebiete, die Histoire de la géographie von Vivien de Saint Martin (1873) hat die von Peschel gegebene Anregung nicht nur nicht weiter verfolgt, sondern bietet uns auch nicht mehr, als es bereits Ukert gethan hat.

Auch die Historiker der Theorie der Geschichte wären veranlaßt gewesen, eine zusammenhängende Uebersicht über die bezeichneten Vorstellungen der Alten zu geben. Nun enthält zwar das umfassendste neuere Werk der Art, Les deux cités; la philosophie de l'histoire aux différents âges de l'humanité von Fr. de Rougemont (1874) die allgemeine Bemerkung, daß der Einfluß der Klimate und der Bodengestaltung von Hippokrates, Plato, Polybius und Strabo constatirt wurde, und daß dieselben die ersten Grundlagen der vergleichenden Geographie und Ethnographie gelegt haben [2]),

---

1) p. 68, 69.   2) p. 284.

aber im Einzelnen beschränkt es sich auf einige kurze Notizen über Hippokrates und Strabo[1]), was um so auffallender ist, als sich dieses bedeutende mit der deutschen Forschung innig vertraute Werk eingehend darüber verbreitet, inwieferne bereits die bedeutsamen Aperçus der Propheten des alten Bundes über die providentielle Uebereinstimmung zwischen der Configuration der Erdoberfläche und der Bestimmung der Völker, über den Zusammenhang zwischen Landesnatur und Volkscharakter, über die weltgeschichtliche Lage einzelner Punkte, wie z. B. Jerusalems, einige große Gedanken Ritter's vorweggenommen haben. — Nicht minder befremdlich ist es, daß die neueste, glänzende „Darstellung und Kritik der Versuche zu einem Aufbau der Philosophie der Geschichte" von Rocholl (1878) zwar überall sorgfältig verzeichnet, was die Neueren, Bodin, Montesquieu, Ferguson, Comte, Lotze, Buckle, Humboldt, Ritter u. A. für die Anwendung der Erdkunde auf die Geschichte geleistet haben, aber die analogen Versuche der Alten so gut wie ganz ignorirt hat. Die Antike erscheint bei ihm gegenüber der Renaissance und der Neuzeit allzu einseitig als eine Epoche „theologischer" Betrachtungsweise der Geschichte; daneben werden wohl auch einzelne psychologische und metaphysische Gesichtspunkte der hellenischen Gesichtsauffassung berührt, von der Thatsache jedoch, daß auch die **physikalische** Erklärung geschichtlicher Erscheinungen unter der Betheiligung der Naturforschung, Philosophie, Geschichtschreibung, Erdkunde, ja selbst Poesie eine bedeutsame Ausbildung durch die Hellenen erfahren hat, wird durch die Darstellung Rocholl's kaum eine Ahnung erweckt.

---

1) p. 225.

Es war ursprünglich nur der Zweck der eigenen Belehrung, welcher die sonst ganz anderen Epochen und Erscheinungen der Geschichte gewidmeten Studien des Verfassers auf den genannten Ideenkreis der Hellenen geführt hat, und erst die Erkenntniß, daß es an jeder zusammenhängenden Darstellung desselben gebricht, konnte ihn ermuthigen, mit der folgenden Uebersicht über diesen Ideenkreis vor die Oeffentlichkeit zu treten.

Was jene moderne Anschauung betrifft, nach welcher auch in den Geisteswissenschaften ein wahrer Fortschritt nur insoferne stattfindet, als es ihnen gelingt, **vitale Erscheinungen in die Klasse der physikalischen zu versetzen**[1]), so scheint dieselbe zwar in dieser extremen Form im griechischen Alterthum nicht ausgesprochen zu sein, doch kennt es bereits das im engen Zusammenhang damit stehende Problem, die psychische Eigenart der Völker aus physikalischen Voraussetzungen abzuleiten. — Wir können im Hinblick auf den untrennbaren Zusammenhang zwischen **Volksnatur** und **Volksgeschichte** an diesen ersten Versuchen einer naturwissenschaftlichen Begründung der Ethnographie um so weniger vorübergehen, als ja ohne Zweifel die Anschauung, daß auf anderem Boden ein anderer Mensch erwächst, mit der Ausgangspunkt für den weiteren Gedanken geworden ist, auch die **geschichtliche Entwicklung** der Völker als eine örtlichen Naturverhältnissen unterworfene Erscheinung zu erfassen.

---

1) Droysen: Die Erhebung der Geschichte zum Rang einer Wissenschaft. Sybels hist. Zeitschrift. IX. 1.

Wer heutzutage an das Problem herantritt, die feinen Fäden bloßzulegen, welche nicht bloß die leibliche, sondern auch die psychische Constitution eines Volkes mit der Natur seines Wohnortes verknüpfen, der hat Dank der ebenso extensiven wie intensiven Bereicherung der physikalischen Erdkunde ein Beobachtungsfeld vor sich, welches ihm gestattet, die ganze Fülle der Naturerscheinungen auf den gegebenen Gesichtspunkt hin zu prüfen.[1]) Der moderne Ethnograph und Historiker stellt Fragen an die Natur, welche eine frühere Epoche gar nicht aufwerfen oder wenigstens nicht befriedigend beantworten konnte, weil die betreffende Seite der Natur entweder überhaupt noch nicht der Wissenschaft zum Bewußtsein gekommen oder doch — wenn dieß der Fall — nicht zur Genüge erforscht war. „In welchem Sinne z. B. die horizontale oder senkrechte Gliederung der Länder den Gang der Gesittung vorgezeichnet hat, konnte man, wie Peschel mit Recht bemerkt[2]), zu einer Zeit nicht übersehen, als man noch glaubte, von den bewohnten Erdräumen fielen $11/24$ auf Europa, $9/25$ auf Asien und $13/60$ auf Afrika, und als man, wie es von den älteren griechischen Geographen eine Zeit lang geschah, Afrika wegen seiner angeblich geringern Geräumigkeit als Zubehör Europas betrachtete." Und wenn die Alten auch in diesem Punkte am Ende zu einer richtigeren Einsicht gekommen sind, so stand

---

1) Freilich stehen auch wir in dieser Frage theilweise noch ganz in den Anfängen. Wie werden spätere Jahrhunderte über so manche Punkte unserer Kausalerklärung der Vorgänge des Völkerlebens urtheilen, wenn sich z. B. einmal die angebahnte Verbindung der meteorologischen Stationen mit den statistischen Bureaus für die Erkenntniß des Zusammenhanges zwischen jenen Vorgängen und denen in der Natur fruchtbar erweisen wird?

2) Geschichte der Erdkunde. 69.

andererseits in dem Mangel an hypsometrischen und thermometrischen Instrumenten der Erforschung zweier das Völkerleben so sehr bestimmenden Seiten der Landesnatur: der senkrechten Gliederung im Innern des Festlandes und der Vertheilung der Wärme in Raum und Zeit, ein unüberwindliches Hemmniß im Wege, welches natürlich auch auf die Kenntniß der hydrographischen Verhältnisse, der Flora und Fauna und ihrer Abhängigkeit von geologischem Bau und Klima lähmend zurückwirken mußte. Wenn aber die für den Menschen maßgebenden geographischen Faktoren in ihrem Wesen, sowie in ihrem gegenseitigen Zusammenhange nur mangelhaft erkannt waren, wie hätte da die Bedeutung, welche jedem einzelnen oder Gruppen derselben für den Menschen zukommt, immer richtig abgewogen werden können?

So bekannt das sein mag, es mußte hervorgehoben werden, um den richtigen Standpunkt für die Beurtheilung eines Mannes zu gewinnen, der zum erstenmale und auf so unsicheren Grundlagen das kühne Unternehmen einer Erklärung des Menschenschicksals aus dem Buche der Schöpfung gewagt hat. Dazu kommt, daß — die Autorschaft des Hippokrates vorausgesetzt — das geniale Büchlein über die Rückwirkung von Luft, Wasser und Ortslage auf die Bewohner[1], welches man geradezu als die Grundlage der historischen Geographie und der Philosophie der Geschichte bezeichnet hat[2], dem fünften

---

[1] Περὶ ἀέρων ὑδάτων τόπων ed. Littré, Oeuvres complètes d'Hippocrate II.

[2] Häser: Geschichte der Medicin (1875). I. 120. — Von einer gewissen Ueberschätzung des Büchleins kann die frühere Literatur nicht freigesprochen werden. So ist z. B. der ausführliche Commentar Coray's, auf den wir im Grunde immer noch angewiesen sind, im Allgemeinen nicht über das Niveau einer Periphrase und weiteren Ausführung des

Jahrhundert seine Entstehung verdankt, als die Länder- und Völkerkunde eben erst im Dienste der jugendlichen Geschichtschreibung eine wenn auch liebevolle, so doch ziemlich äußerliche Pflege gefunden, und für eine vergleichende Beobachtung noch bei weitem nicht jene Menge gesicherter Objekte vorlag, welche erst ein Jahrhundert später die große Erweiterung des Horizonts durch die Alexanderzüge der Wissenschaft zuführte. Und nun bedenke man vollends, daß die Zeit des Hippokrates, welche eben erst damit beschäftigt war, die Principien der Induktion theoretisch festzustellen, des Vortheiles einer strengen in langer Uebung erprobten Methode entbehren mußte.

Diesen Umständen gegenüber erscheint schon die Thatsache als ein bedeutsames Verdienst, daß Hippokrates für seine Untersuchung nur die den Dingen selbst immanenten Ursachen heranzieht. Während die zeitgenössische Geschichtschreibung Herodot's die Götterwelt in die Entwicklung der menschlichen Dinge in einer Weise verflocht, welche eine wirklich wissenschaftliche historische Auffassung geradezu unmöglich machte, verzichtet der Arzt von Kos mit einer feinen Bemerkung über das Walten des Göttlichen in der irdischen Natur[1] ausdrücklich auf die Berücksichtigung übernatürlicher Kräfte und operirt, unter

---

meist ohne weiteres acceptirten hippokratischen Standpunktes wenigstens in den uns hier angehenden Fragen hinausgekommen und hat sich daher zu einer eigentlichen Kritik nicht zu erheben vermocht. Man vgl. nur außer den später genannten Stellen Coray I. 129. II. 213, 220, 245.

1) Ἐμοὶ δὲ καὶ αὐτῷ δοκέει ταῦτα τὰ πάθεα θεῖα εἶναι καὶ τἆλλα πάντα, καὶ οὐδὲν ἕτερον ἑτέρου θειότερον οὐδὲ ἀνθρωπινώτερον, ἀλλὰ πάντα ὅμοια καὶ πάντα θεῖα· ἕκαστον δὲ ἔχει φύσιν τῶν τοιουτέων καὶ οὐδὲν ἄνευ φύσιος γίγνεται c. 22. p. 77. cf. p. 80: Ἀλλὰ γάρ, ὥσπερ καὶ πρότερον ἔλεξα, θεῖα μὲν καὶ ταῦτά ἐστιν ὁμοίως τοῖσιν ἄλλοισιν· γίγνεται δὲ κατὰ φύσιν ἕκαστα.

völliger Wahrung der Rechte des Glaubens, nur mit den der wissenschaftlichen Beweisführung allein zugänglichen Thatsachen der Natur und Geschichte. Daß freilich bei der unvollkommenen Sammlung und Sichtung dieser Thatsachen die Behandlung des von Hippokrates gestellten Problemes nach einer andern Seite hin den Stempel der Einseitigkeit und Beschränktheit tragen mußte, versteht sich von selbst. So ist es bei dem angedeuteten Zustand der Erdkunde ganz begreiflich, daß auf die horizontale Gliederung gar keine Rücksicht genommen wird, daß die Einwirkung der senkrechten Gliederung, des geologischen Untergrunds und der hydrographischen Verhältnisse nur flüchtig angedeutet, daß die Bedeutung der klimatischen Unterschiede für die ethnographischen Besonderungen zwar erkannt und den einzelnen Seiten des Klimas: den Windströmungen [1]), der Vertheilung derselben sowie der Wärme in der Zeit, der Dichte und Feuchtigkeit der Luft [2]), den atmosphärischen Niederschlägen [3]) wenigstens theilweise Rechnung getragen wird, daß aber ein einzelnes, allerdings am stärksten in die Augen fallendes Moment, der Wechsel der Jahreszeiten ganz einseitig in den Vordergrund tritt.

Schon in dem allgemeinen sonst so bewundernswerthen Vergleiche zwischen Europa und Asien macht sich diese Einseitigkeit geltend. Die Schönheit und Fülle der Bodenerzeugnisse, die Milde der Landesnatur, die Weichheit des Volkscharakters, die er offenbar im Hinblick auf den ägäischen Küstensaum Kleinasiens als Eigenthümlichkeiten des letztern hervorhebt, führt Hippokrates einzig und allein auf die glückliche Mischung der Jahreszeiten zurück, welche im Klima nach

---

1) 62, 70.   2) 72.   3) 54.

keiner Seite hin ein Extrem aufkommen läßt[1]); und consequenter Weise wird, um die geringere Ausbildung eines kriegerischen Sinnes bei den Asiaten im Vergleich zu den Europäern und andererseits die bei einzelnen asiatischen Völkern in höherem Grade als bei der Mehrzahl der Asiaten hervortretende militärische Tüchtigkeit zu erklären, kein anderes **physikalisches** Moment geltend gemacht, als diese eine Seite des Klimas.[2]) Allerdings kommt diese den Grundcharakter des Klimas bestimmende Seite in erster Linie in Betracht, und die feineren klimatischen Nüancen sind nicht von so unmittelbarer Bedeutung, zumal für eine Untersuchung, welche sich so im Allgemeinen halten will, wie die des Hippokrates, welcher ausdrücklich erklärt, daß es ihm nur um die

---

1) Cap. XII, p. 52: Τὴν Ἀσίην πλεῖστον διαφέρειν φημὶ τῆς Εὐρώπης ἐς τὰς φύσιας τῶν ξυμπάντων, τῶν τε ἐκ τῆς γῆς φυομένων καὶ τῶν ἀνθρώπων· πολὺ γὰρ καλλίονα καὶ μείζονα πάντα γίγνεται ἐν τῇ Ἀσίῃ ἥ τε χώρη τῆς χώρης ἡμερωτέρη καὶ τὰ ἤθεα τῶν ἀνθρώπων ἠπιώτερα καὶ εὐοργητότερα. Τὸ δὲ αἴτιον τουτέων ἡ κρῆσις τῶν ὡρέων κτλ.

2) Allerdings heißt es cap. 16. p. 62: Περὶ δὲ τῆς ἀθυμίης τῶν ἀνθρώπων καὶ τῆς ἀνανδρείης, ὅτι ἀπολεμώτεροί εἰσι τῶν Εὐρωπαίων οἱ Ἀσιηνοί, καὶ ἡμερώτεροι τὰ ἤθεα, αἱ ὧραι αἴτιαι μάλιστα, οὐ μεγάλας τὰς μεταβολὰς ποιεύμεναι οὔτε ἐπὶ τὸ θερμὸν οὔτε ἐπὶ τὸ ψυχρὸν ἀλλὰ παραπλησίως. Allein dieses μάλιστα weist nicht auf die Mitwirkung anderer physischer sondern geschichtlicher Momente hin. Denn unmittelbar an die Darlegung der psychologischen Wirkungen jener Harmonie der Horen schließt sich die Bemerkung an: Διὰ ταύτας ἐμοὶ δοκέει τὰς προφάσιας ἄναλκες εἶναι τὸ γένος τὸ Ἀσιηνόν· καὶ προσέτι διὰ τοὺς νόμους.

cf. 16, p. 64: Εὑρήσεις δὲ καὶ τοὺς Ἀσιηνοὺς διαφέροντας αὐτοὺς ἑωυτέων, τοὺς μὲν βελτίονας τοὺς δὲ φαυλοτέρους ἐόντας· τουτέων δὲ αἱ μεταβολαὶ αἴτιαι τῶν ὡρέων, ὥσπερ μοι εἴρηται ἐν τοῖσι προτέροισιν.

am meisten in die Augen fallenden ethnographischen Unterschiede zu thun sei.[1]) Allein so wichtige Faktoren, wie geologischer Bau und Bodenbeschaffenheit, von Anderem ganz zu schweigen, durften doch auf keinen Fall so völlig unberücksichtigt bleiben.

Der Grund, warum die übrigen geographischen Elemente in ihrer selbständigen Bedeutung neben dem Klima nicht zur Geltung kommen, liegt in einem geographischen Vorurtheil des Verfassers. Er behauptet einen durchgängigen Parallelismus zwischen dem Klima auf der einen und der äußern Configuration und Bodenbeschaffenheit des Landes auf der andern Seite. Da wo das Klima die häufigsten und stärksten Veränderungen zeigt, da ist das Land am unwirthlichsten und zugleich am mannigfaltigsten gestaltet, während umgekehrt einem geringen klimatischen Wechsel eine große Einförmigkeit der Landesnatur entsprechen soll.[2]) Wenn aber die Gestaltung der Oberfläche eines Landes in den wesentlichsten Zügen nur die charakteristischen Eigenthümlichkeiten seines Klimas abspiegelt, so erscheint jene Seite der Landesnatur, was die Einwirkung auf den Menschen betrifft, nach derselben Richtung hin thätig, wie diese und verliert dadurch an selbständigem Interesse, was leicht dazu verführen kann, sich mit der Ableitung ethnographischer Verhältnisse aus dem Klima zu begnügen, ohne die übrigen geographischen Faktoren in Anschlag zu bringen. Dieß zeigt sich gleich bei dem Versuch, die von Hippokrates ebenfalls dogmatisch genug angenommene Analogie

---

1) Cap. 12, p. 52; c. 14, p. 58: Ὁκόσα μὲν ὀλίγον διαφέρει τῶν ἐθνέων παραλείψω· ὁκόσα δὲ μεγάλα ἢ φύσει ἢ νόμῳ, ἐρέω περὶ αὐτέων ὡς ἔχει cf. cap. 24, p. 92 in fine.

2) c. 13, p. 58.

zwischen der Bildung des menschlichen Organismus und der Natur des Bodens und Klimas zu erklären, welche nach ihm darin besteht, daß der Grad der Mannigfaltigkeit von Boden und Klima in einer gleich starken Individualisirung der Bevölkerung zum Ausdruck kommt. Wenn sich nämlich in einem Lande sehr verschiedenartige Individuen neben einander finden, solche, deren Natur, wie sich Hippokrates ausdrückt, waldigen wasserreichen Berglandschaften gleicht oder leichtem, dürrem Boden oder sumpfigem Wiesengrunde oder kahlen, trockenen Ebenen, so veranlaßt ihn diese Mannigfaltigkeit innerhalb derselben Bevölkerung keineswegs, irgend welche anderen physischen Faktoren als mitwirkende Ursache zu erweisen; er begnügt sich mit dem Versuch einer Herleitung aus dem wechselnden Charakter des Klimas[1]), die um so weniger befriedigt, als sie von einer physiologischen Lehre ausgeht, die auf ganz unbewiesenen Voraussetzungen beruht.[2]) Es macht sich eben auch hier jener verhängnißvolle Zug der antiken Forschung geltend, sich bei nicht bestätigten Thatsachen außerordentlich leicht zu beruhigen und — wovon selbst Aristoteles nicht frei ist — ihre Theorien auf Prämissen zu gründen, deren Irrthümlichkeit schon eine mäßige Prüfung erwiesen hätte.[3])

---

1) c. 13, p. 58: *Αἱ γὰρ ὧραι αἱ μεταλλάσσουσαι τῆς μορφῆς τὴν φύσιν εἰσὶ διάφοροι· ἢν δὲ διάφοροι ἔωσι μετὰ σφέων αὐτέων, διαφοραὶ καὶ πλείονες γίγνονται τοῖσιν εἴδεσιν* (sc. τῶν ἀνθρώπων).

2) Vgl. die Erklärung der durchgängigen Aehnlichkeit der Skythen unter einander c. 19, p. 72, sowie c. 23, p. 84: *αἱ γὰρ διαφοραὶ* (so ist wohl mit Rücksicht auf den Gedanken und p. 72, Anm. 20 statt φθοραὶ zu lesen) *πλείονες ἐγγίγνονται τοῦ γόνου ἐν τῇ ξυμπήξει ἐν τῇσι μεταλλαγῇσι τῶν ὡρέων πυκνῇσιν ἐούσῃσιν ἢ ἐν τῇσι παραπλησίῃσι καὶ ὁμοίῃσιν.*

3) Vgl. die feinen Bemerkungen bei Lewes: Aristoteles, § 37—60 über die Wissenschaft des Alterthums. Vgl. auch Carl von Littrow:

Auch die Art und Weise, wie der schon genannte Charakterunterschied zwischen Asiaten und Europäern aus gewissen psychologischen Wirkungen des Klimas erklärt wird, kann nicht befriedigen. Wo die Jahreszeiten, führt Hippokrates aus, in der Vertheilung von Wärme und Kälte keine große Gleichmäßigkeit zeigen, da können sie auf Geist und Körper jene intensiven Einwirkungen ausüben, welche im Volkscharakter einen höheren Grad von Rauheit, Hartnäckigkeit und Beherztheit erzeugen, als dieß in einem stabilen Klima der Fall ist.¹) Der klimatische Wechsel wirkt belebend auf den Geist des Menschen und gestattet ihm keine träge Ruhe. Daher Weichlichkeit und Indolenz des Volkes bei einförmigem Klima, Activität und Regsamkeit des Geistes und Körpers unter einem wechselvollen Himmel. Da aber passive Ruhe die Feigheit nährt, Arbeitsamkeit und Anstrengung die Mannhaftigkeit erhöht, so sind die Europäer naturgemäß thatkräftiger und kriegerischer gesinnt, als die eines harmonischeren Klimas theilhaftigen Asiaten.²) — Der Vergleich Attika's mit dem asiatischen Jonien hätte unsern Autor über die Einseitigkeit dieser Argu-

---

Ueber das Zurückbleiben der Alten in den Naturwissenschaften. S. 20 (Wien 1869) und Hankel: Ein Beitrag zur Beurtheilung der Naturwissenschaft des griech. Alterthums. Deutsche Vierteljahrsschrift 1861. IV. 138.

1) c. 16, p. 62: Οἱ γὰρ γίγνονται (nämlich bei dem gleichmäßigen Klima Asiens, s. oben Seite 15, Anm. 2) ἐκπλήξιες τῆς γνώμης οὔτε μετάστασις ἰσχυρὴ τοῦ σώματος, ἀφ᾽ ὅτων εἰκὸς τὴν ὀργὴν ἀγριοῦσθαί τε, καὶ τοῦ ἀγνώμονος καὶ θυμοειδέος μετέχειν μᾶλλον ἢ ἐν τῷ αὐτέῳ αἰεὶ ἐόντα. Αἱ γὰρ μεταβολαί εἰσι τῶν πάντων αἵ τε ἐγείρουσαι τὴν γνώμην τῶν ἀνθρώπων καὶ οὐκ ἐῶσαι ἀτρεμίζειν.

2) Ib. und c. 23, p. 84. Coray outrirt die hippokratische Lehre von dem Einfluß des Klimas auf die Gewecktheit und Gelehrigkeit des Volksgeistes so sehr, daß er zu c. 23 den Satz aufstellt, der Aberglaube wachse mit dem Grade der Entfernung von den Polen! II. 75.

mentation aufklären können, die übrigens so manche moderne Bearbeiter desselben Gebietes mit ihm theilen. Wie schon Herodot bemerkt, erfreut sich das asiatische und europäische Hellas im Wesentlichen des gleichen Klimas. Er nimmt mit Recht jene glückliche „Mischung der Jahreszeiten" mit ihrer Ausgleichung und Vermittlung der Gegensätze, welche nach Hippokrates unausbleiblich Verweichlichung und Entnervung zur Folge hat, auch für das europäische Gestade des ägäischen Meeres in Anspruch.[1]) Vor allem entfalten sich in Attikas herrlichem Küstenklima alle Vorzüge des jonischen Himmels, und doch welch ein Gegensatz zwischen dem schwächlichen zu jeder einheitlichen Kraftäußerung unfähigen Jonierthum des fünften Jahrhunderts und den damaligen Attikern, wie er in den Freiheitskämpfen so charakteristisch hervortritt! Das Klima kann hier gar nicht in Frage kommen, viel eher, soweit man hier überhaupt von physischen Einflüssen sprechen kann, die Verschiedenheit in der natürlichen Begabung des Bodens. Hier ein leichter, ziemlich dürrer und steiniger Kalkboden, den häufig nur eine dünne Erdschichte deckt[2]), dort tiefe Lagen der fruchtbarsten Ackererde, die geringerer Bemühung den Segen gewährte, den hier nur stetiger sorgfältiger Fleiß und dann nicht in solcher Fülle zu erringen vermag.

Daß den Verfasser seine Ueberschätzung des klimatischen Einflusses selbst in einer Frage, wie der nach dem Unterschiede

---

1) L. III, 106: Αἱ ἐσχατιαί κως τῆς οἰκεομένης τὰ κάλλιστα ἔλαχον, κατάπερ ἡ Ἑλλὰς τὰς ὥρας πολλόν τι κάλλιστα κεκρημένας ἔλαχε. cf. I, 142: Οἱ δὲ Ἴωνες — τοῦ μὲν οὐρανοῦ καὶ τῶν ὡρέων ἐν τῷ καλλίστῳ ἐτύγχανον ἱδρυσάμενοι πόλις πάντων ἀνθρώπων τῶν ἡμεῖς ἴδμεν. Vgl. damit Seite 15, Anm. 1.

2) Bursian: Geographie von Griechenland. I, 256.

europäischen und asiatischen Volksgeistes, die selbständige Mitwirkung anderer geographischer Elemente völlig übersehen läßt, ist um so auffallender, als wenigstens einzelne derselben in der zweiten Hälfte des Buches keineswegs unberücksichtigt geblieben sind. Daß ihm allerdings das später bei Strabo so schön sich äußernde Verständniß für den fein gegliederten Bau Europas gegenüber der Massenhaftigkeit der beiden andern Continente noch nicht aufgegangen sein konnte, versteht sich von selbst; allein daß ihm beim Anblick von Hellas, in welchem sich die allseitige Begabung unseres Erdtheils am glänzendsten bethätigt, die selbständige Bedeutung der Configuration des Bodens nicht in höherem Grade zum Bewußtsein kam, beweist eben nur, wie sehr die Hingabe an eine einseitige Theorie den Gesichtskreis beengen kann. Daher ist aber auch selbst diejenige Seite der Natur, welcher sich diese Betrachtungsweise mit solcher Vorliebe zuwendet, nur einseitig erfaßt. Ueber die Vertheilung der Wärme in der Zeit ist dem Verfasser die Bedeutung ihrer Vertheilung im Raume gänzlich entgangen. Und doch wenn irgend ein Wechsel das Gemüth des Menschen anregen und seine Betriebsamkeit erwecken konnte, so war es gewiß die einzigartige Begabung der Gestade des ägäischen Meeres mit ihrem wunderbaren Nebeneinander so verschiedener Zonen des Klimas und der Vegetation, wie sie sowohl von einem Breitengrade zum andern als unter derselben Breite — vor allem in Mittelhellas und Peloponnes — vermöge der reichen vertikalen Gliederung des Landes von einer Erhebungsstufe zur andern, von Canton zu Canton auf kleinstem Raume zum wechselvollsten Ausdruck kommt.

Nun sind es aber nicht bloß physische Faktoren, welche sich dem zu sehr auf Ein Erklärungsprincip gerichteten Blicke entzogen, auch die Erkenntniß der mitwirkenden **geschicht-lichen** Momente wurde dadurch verkümmert. — Hippokrates macht einmal die feine Bemerkung, daß gegenüber den übrigen Bevölkerungen Europas, bei denen die Verschiedenheiten im Aeußern der einzelnen Individuen außerordentlich mannigfaltig seien, unter den nomadischen Skythen eine durchgängige Aehnlichkeit hervortrete[1]); eine Beobachtung, die wir noch heute bestätigt finden[2]), wenn wir unsere Städte-bewohnenden Kulturvölker mit den mongolischen Hirtenvölkern der Steppe vergleichen, bei denen bekanntlich selbst Mann und Weib sich in den Gesichtszügen wenig unterscheidet. Die Vermuthung, ob nicht der Grad der Individualisirung mit der Civilisation eines Volkes in engem Zusammenhang stehe, ergiebt sich dabei für uns von selbst, und eine Masse von Beobachtungen belehrt uns, daß in der That bei Stämmen, deren Angehörige sich z. B. als Hirten oder Jäger in gleicher socialer Lage befinden und gleicher Thätigkeit ein wesentlich gleiches Maß von Fertigkeiten und Kenntnissen zuwenden, die einzelnen Individuen einander höchst ähnlich sehen, während bei hoher Civilisation mit der größern Theilung der Arbeit und der außerordentlichen Verschiedenheit der Kenntnisse, der Kunstfertigkeiten und der ganzen Lebensweise eine große Individualisirung der Gesichtszüge einzutreten pflegt. Hippokrates jedoch ist weit entfernt, diese physische Erscheinung auf volkswirthschaftliche und sociale Einflüsse zurückzuführen, er begnügt sich mit dem Hinweis auf die Unterschiede im Klima. Im Skythenlande nur wenige und unbedeutende klimatische Veränderungen; außerordentlich lange Winter neben kurzen nur mäßig erwärmten Sommern,

---

1) c. 19, p. 70 und c. 23, p. 82 flgd.
2) cf. Neumann: Die Hellenen im Skythenlande I. 151 flgd.

regelmäßig vorherrschende kalte Nordwinde neben seltenen und schwachen wärmeren Luftströmen [1]); im übrigen Europa dagegen häufige und starke Wechsel im Klima; im Sommer bedeutende Hitze, Kälte im Winter, reichlicher Regen neben längerer Trockenheit, große Abwechselung im System der Winde.[2]) Diese Argumentation, nach welcher die geringe Individualisirung der Skythen nur die Folge ihres gleich einförmigen Klimas wäre, ist schon darum hinfällig, weil die von Hippokrates behauptete Einförmigkeit des Klimas auf der russischen Steppenplatte und im kaspischen Tieflande wohl seiner Theorie von der Uebereinstimmung zwischen dem Charakter der Bodenoberfläche und demjenigen des Klimas genau entspricht, die Wirklichkeit aber dieser Theorie, die offenbar die Hauptschuld an dem Irrthum des Hippokrates trägt [3]), geradezu ins Gesicht schlägt.[4]) Denn es sind gerade die schroffsten Gegensätze zwischen Sommergluth und Winterkälte, welche die fraglichen Landstriche mit ihrem ausgeprägten Kontinentalklima veröden.[5]) — Was nun aber die Art und Weise der Ableitung jenes ethnographischen Momentes aus dem

---

1) c. 19, p. 70 flgd.
2) c. 23, p. 84.
3) Dieß übersieht Neumann (l. c. 70), wenn er die Vermuthung aufstellt, Hippokrates habe sich ein Bild des skythischen Klimas nach seinem System aus der ihm bekannten körperlichen Beschaffenheit des Volks entworfen.
4) Es muß allerdings bemerkt werden, daß wir demselben Irrthum über das skythische Klima auch bei Herodot begegnen. IV, 28.
5) Coray, der die genannte hippokratische Theorie vollständig acceptirt, hat selbst diese Thatsache übersehen! II, 219. Uebrigens hat schon Aristoteles die richtige Ansicht Problematum sect. 25 n° 6. — Der Wechsel der heißesten und kältesten Monate bewegt sich zwischen + 40 und — 30° C. (cf. Kiepert: Alte Geographie. 339). cf. Strabo. VII. c. 3.

Klima betrifft, so nennt Hippokrates allerdings unter den auf die Constitution des Menschen wirkenden Folgen desselben auch die, daß in ihm die Bedingungen zu einem werkthätigen Leben des Geistes und Körpers fehlen[1]); allein der hierin liegende Keim einer tieferen Erkenntniß kommt nicht zum Durchbruch, und es sind nur die angeblichen **physiologischen** Wirkungen des Wechsels der Jahreszeiten auf die Bildung des menschlichen Organismus, welche unsere Frage lösen sollen. Es muß daher als eine arge Verkennung des hippokratischen Standpunktes bezeichnet werden, wenn Littré meint, daß die geringe Individualisirung, welche Hippokrates neben den Skythen auch den Aegyptern zuschreibt, im Sinne des letzteren aus der Gleichartigkeit der Einflüsse abzuleiten sei, denen hier ein Zustand halber Barbarei, dort das Kastenwesen die einzelnen Individuen unterwerfe[2]), während Hippokrates, ohne irgendwie die Vermittelung **geschichtlicher** Momente in Anspruch zu nehmen, dieselbe physische Erscheinung hier auf die einseitige Vorherrschaft der Kälte, dort der Wärme zurückführt.[3])

Wenn nun aber auch Hippokrates keine genügende Vorstellung von der geheimnißvollen Rückwirkung der **Geschichte** auf die **Physis** des Menschen gehabt hat, wie sie sich in der

---

1) c. 19, p. 72.

2) Vgl. seine Ausgabe II, 5: Suivant le médecin grec, les similitudes entre les individus d'une même nation montreraient que ces individus sont soumis, sur une grande échelle, aux mêmes influences, soit par l'effet d'un état demi-barbare comme les Scythes, soit par l'effet des castes, comme les Egyptiens.

3) c. 18, p. 68: Περὶ δὲ τῶν λοιπῶν Σκυθέων τῆς μορφῆς, ὅτι αὐτοὶ ἑωυτοῖσιν ἐοίκασι καὶ οὐδαμῶς ἄλλοισιν, ωὑτὸς λόγος καὶ περὶ τῶν Αἰγυπτίων, πλὴν ὅτι οἱ μὲν ὑπὸ τοῦ θερμοῦ εἰσι βεβιασμένοι, οἱ δ' ὑπὸ τοῦ ψυχροῦ.

Individualisirung der Gesichtszüge, der Veredlung der Kopfbildung oder Vervollkommnung des Denkorgans als Folge civilisatorischer Fortschritte entschieden beobachten läßt, so ist es doch andererseits nicht ganz richtig, wenn Littré meint, daß die physische Verschiedenheit zwischen Volk und Volk und damit das, was wir als Racenunterschiede bezeichnen, nach Hippokrates einzig der Ausdruck der Verschiedenheit von Klima und Boden sei. So absolut hat sich der Grieche doch nicht ausgedrückt; er meint nur, daß der Regel nach die körperlichen und Charakterunterschiede der Völker von der Landesnatur abhängen¹), und läßt damit die Möglichkeit einer andern Erklärung ausdrücklich offen, wie er denn selbst wenigstens in Einem Falle eine solche versucht hat. Indem er auseinandersetzt, wie die Makrokephalen des Alterthums — ganz analog vielen amerikanischen Indianerstämmen — ursprünglich durch Zusammenschnüren des Kinderkopfes eine künstliche Verlängerung des Schädels erzielten, und wie nach einer Reihe von Generationen diese Eigenschaft erblich werden konnte, ohne daß es der Nachhilfe durch jene Sitte mehr bedurft hätte²), hat Hippokrates in Beziehung auf eines der wichtigsten Unterscheidungsmerkmale der Racen der menschlichen Freiheit die Fähigkeit zu bedeutsamen Einwirkungen zuerkannt. So weit allerdings die Annahme einer derartigen mechanischen Bewältigung der Natur durch den Menschen von der Erkenntniß

---

1) c. 24. p. 90: Εὑρήσεις γὰρ ἐπὶ τὸ πλῆθος τῆς χώρης τῇ φύσει ἀκολουθέοντα καὶ τὰ εἴδεα τῶν ἀνθρώπων καὶ τοὺς τρόπους.

1) c. 14, p. 58: Τὴν μὲν γὰρ ἀρχὴν ὁ νόμος αἰτιώτατος ἐγένετο τοῦ μήκεος τῆς κεφαλῆς, νῦν δὲ καὶ ἡ φύσις συμβάλλεται τῷ νόμῳ. — Οὕτω τὴν ἀρχὴν ἀπεργάσατο, ὥστε ὑπὸ βίης τοιαύτην τὴν φύσιν γενέσθαι· τοῦ δὲ χρόνου προϊόντος, ἐν φύσει ἐγένετο, ὥστε τὸν νόμον μηκέτι ἀναγκάζειν κτλ.

entfernt sein mag, daß auch ohne solch äußere Einwirkung vermöge eines innern Umbildungsprocesses der Einfluß menschlicher Gesittung sich in ähnlichen Metamorphosen zu äußern vermag, so ist doch schon das, was Hippokrates über die Makrokephalen gesagt hat, bedeutsam genug,[1] als der Keim einer Wissenschaft, welche die Rückwirkung der Menschengeschichte auf die leibliche Natur der Völker zu ihrem Gegenstande macht.

Es fragt sich nun noch, in wieweit er umgekehrt neben dem Einfluß der Natur auf die Psyche des Menschen nichtphysische d. h. geschichtliche Momente zur Geltung kommen läßt. Daß bei dem ersten Versuche, die Frage nach dem Verhältniß zwischen Freiheit und Nothwendigkeit, Naturgesetz und Menschenwille von dem genannten Gesichtspunkt aus wissenschaftlich zu erörtern, Widersprüche nicht ausbleiben konnten, liegt in der Natur der Sache.

An einigen Stellen erscheint bei Hippokrates der Mensch völlig der Naturgewalt anheimgegeben. In Ländern, deren Natur wegen der glücklichen Mischung der Jahreszeiten und der Milde des Klimas gewissermaßen an den Frühling erinnert, kann nach ihm Männlichkeit, ausdauernde Arbeitsamkeit und moralische Energie kaum vorhanden sein; und nicht bloß der Einheimische kann diesem Fluche sich nicht entziehen, auch der fremde Einwanderer ist ihm verfallen, denn die Genußsucht muß dort nothwendig den Sieg davontragen.[1]) Es

---

1) c. 12, p. 54: Εἰκός τε τὴν χώρην ταύτην τοῦ ἦρος ἐγγύτατα εἶναι καὶ τὴν φύσιν καὶ τὴν μετριότητα τῶν ὡρέων. Τὸ δὲ ἀνδρεῖον καὶ τὸ ταλαίπωρον καὶ τὸ ἔμπονον καὶ τὸ θυμοειδὲς οὐκ ἂν δύναιτο ἐν τοιαύτῃ φύσει ἐγγίγνεσθαι οὔτε ὁμοφύλου οὔτε ἀλλοφύλου, ἀλλὰ τὴν ἡδονὴν ὀνάγκη κρατέειν. Ich halte mich an den von Littré nach Galen festgestellten Text und glaube nicht an eine Lücke.

ist nicht möglich, heißt es in der Schilderung des Skythen=
landes, daß Geist oder Körper zu Anstrengungen befähigt
seien, wo nicht ein starker Wechsel im Klima sich bemerklich
macht.[1] — Weniger apodiktisch lauten die im zweiten Theil
der Untersuchung über die Unterschiede der europäischen Völker
aufgestellten Thesen, wenngleich sie einen gewissen dogmati=
sirenden Zug nicht verleugnen. In hohen, rauhen, wasser=
reichen Gebirgsgegenden mit großem Wechsel im Klima wer=
den wir, nach Hippokrates, stattlichen Gestalten begegnen, wie
geschaffen zu Anstrengung und mannhaftem Thun, Naturen
von nicht geringer Rauheit und Härte[2]; dagegen dürften die
Bewohner heißer Thalkessel mit feuchtem Wiesengrunde, mit
überwiegend warmen Luftströmungen, mit warmem Trink=
wasser weder groß noch gut proportionirt sein, dagegen unter=
setzt, fleischig, schwarzhaarig und von bräunlicher Gesichtsfarbe.
Energie und Ausdauer dürfte hier zwar von Natur aus in
minder hohem Grade zu finden sein, allein — und hier wird
das freie Walten sittlicher Mächte im Gegenzug gegen die
Natur anerkannt —, durch Sitte und Gesetz kann dieser
Mangel des Volkscharakters ausgeglichen werden.[3] — Wenn
bei den folgenden Thesen von der Möglichkeit eines erfolgreichen

---

[1] c. 19, p. 72: οὐ γὰρ οἷόν τε τὸ σῶμα ταλαιπωρέεσθαι, οὐδὲ τὴν ψυχὴν, ὅκου μεταβολαὶ μὴ γίγνονται ἰσχυραί.
Mit dieser in Beziehung aufs Skythenland gemachten Bemerkung
steht es in schroffem Widerspruch, wenn Hippokrates die große Frucht=
barkeit der skythischen Sclavinnen der ταλαιπωρίη zuschreibt, durch
welche sich dieselben vor ihren trägen, indolenten Herrinnen auszeichneten.
cf. c. 21, p. 76.

[2] c. 24, p. 86.

[3] c. 24, p. 88: τὸ δὲ ἀνδρεῖον καὶ τὸ ταλαίπωρον ἐν τῇ ψυχῇ φύσει μὲν οὐκ ἂν ὁμοίως ἐνείη, νόμος δὲ προσγενόμενος ἀπεργάσαιτ᾽

Gegenwirkens ideeller Kräfte auch nicht ausdrücklich die Rede ist, so deuten doch auch hier die optativischen und ähnliche einschränkende Wendungen darauf hin, daß dieselben nicht gerade absolute, alle andern Faktoren ausschließende Geltung beanspruchen. — Die Bewohner windiger, feuchter Hochebenen, meint er, dürften Leute von hoher Statur sein, von großer gegenseitiger Aehnlichkeit und zugleich milderen, unmännlicheren Charakters; während man andererseits erwarten darf, auf dünnem, kahlem, wasserarmem Boden unter einem wechselvollen Himmel eine Bevölkerung von nerviger Constitution, heller Hautfarbe, stolzern, eigenwilligeren Sinnes zu finden. Auf fettem, weichem, wasserreichem Boden, wo zugleich das Wasser wegen der reichlichen atmosphärischen Niederschläge im Sommer warm, im Winter kalt ist und die Jahreszeiten eine glückliche Mischung zeigen, da ist die Bevölkerung der Regel nach fleischig, schwächlich, von feuchter Constitution, ohne Ausdauer, feige, indolent und schläfrig, ohne Feinheit und Scharfsinn auf den Gebieten der Gewerbe, der Kunst und Wissenschaft.[1]) Wo aber das Land kahl ist, trocken und rauh, der Härte des Winters preisgegeben, und vom Sommer verbrannt, da verbindet das Volk mit einer kräftigen, nervigen Constitution rastlose Thätigkeit, der Charakter zeigt Selbstbewußtsein und Eigenwilligkeit und neigt mehr zur Rauheit als zur Milde

---

ἄν. Wie hier νόμος zu verstehen, ergibt sich aus Galen (ib. Anm. 9) νόμον εἴρηκε (sc. Ἱπποκράτης) δηλονότι τὴν νόμιμον ἐν ἑκάστῃ χώρᾳ τοῦ βίου διαγωγήν.

1) c. 24, p. 90: — ἐνταῦθα καὶ οἱ ἄνθρωποι — ἀταλαίπωροι καὶ τὴν ψυχὴν κακοὶ ὡς ἐπὶ τὸ πολὺ (darin liegt eine bedeutsame Einschränkung der oben Seite 25 citirten Sätze) τό τε ῥάθυμον καὶ τὸ ὑπνηρόν ἐστι ἐν αὐτέοισιν ἰδεῖν· ἔς τε τὰς τέχνας παχέες καὶ οὐ λεπτοὶ οὐδ᾽ ὀξέες.

in Künsten und Wissenschaften wird man dort mehr Scharfsinn und Gelehrigkeit, auch im Kriege größere Tüchtigkeit wahrnehmen.¹)

Wenn diese Sätze auch vielfach von feinsinniger und richtiger Einzelbeobachtung zeugen, so machen sie doch den Eindruck, als seien sie weniger auf analytischem Wege gefunden, als vielmehr durch synthetische Construktion d. h. durch Ableitung aus den allgemeinen Anschauungen des Hippokrates über den Causalverband zwischen Körper und Geist auf der einen und der äußern Natur auf der andern Seite. Schon der Mangel jeder Exemplifikation scheint anzudeuten, daß diese Sätze nicht das Resultat einer ausgedehnteren Vergleichung ethnographischer und geographischer Besonderheiten gewesen sind. Bei einigermaßen genügender Induktion wäre er doch gewiß nicht dazu gekommen, die absolute Unverträglichkeit physischer und moralischer Energie mit einem harmonischen Klima zu behaupten, da schon das damals vorhandene, ethnographische und geschichtliche Material ihn vor dem Irrthum dieser voreiligen Generalisirung hätte bewahren können. Das zu große Vertrauen auf die logische Deduktion und die damit zusammenhängende Vernachlässigung des mühsamen induktiven Weges, welche an dem Zurückbleiben der Alten in den exakten Wissenschaften einen so wesentlichen Antheil hatten, tritt eben auch hier als Quelle des Irrthums hervor.²) Uebrigens läßt sich

---

1) ib. p. 92. Diese Stelle kann doch kaum, wie Coray in seiner Ausgabe thut, I. CXXX, auf Attika bezogen werden.

2) Das ist festzuhalten, so sehr man auch mit dem übereinstimmen mag, was Lange über den eigenthümlichen Werth der Thatsache bemerkt hat, daß die Griechen ihre angeborene Gabe, "Consequenzen zu ziehen, allgemeine Sätze scharf und deutlich auszusprechen, die Ausgangspunkte

der Verfasser doch nur in dem Einen Punkte durch jenes Vertrauen hinreißen, die Nothwendigkeit und Allgemeinheit des behaupteten Zusammenhanges zwischen Natur und Psyche auszusprechen. Die Fassung der übrigen Thesen zeigt doch, daß er sich wenigstens der Möglichkeit einer Verifikation durch die Thatsachen mehr oder minder bewußt war. Allein er ist doch offenbar in seinen Theoremen zu sehr befangen, um nicht die in diesen Thesen ausgesprochene Coordination von Erscheinungen der Landes- und Volksnatur als das Regelmäßige zu behaupten, widersprechende Erscheinungen nur als Ausnahmen anzuerkennen, ohne daß der Beweis erbracht ist, warum denn gerade die und die ethnographischen und geographischen Verhältnisse und warum gerade in dieser Weise sich regelmäßig zusammenfinden sollen.

Welchen Werth derartige allgemeine Sätze haben, denen die strenge empirische Basis fehlt, erkennt man recht deutlich, wenn man die widersprechenden Resultate vergleicht, zu welchen analoge Einseitigkeit die Forschung über ein und dieselbe Frage geführt hat. Während nach Hippokrates eigentlich nur da, wo starke und große Gegensätze in der Natur walten, der Volksgeist Gelehrigkeit und Scharfsinn bethätigt, und harmonische Naturverhältnisse unfehlbar Indolenz und geistige Schläfrigkeit nach sich ziehen, leitet Buckle den forschenden und prüfenden Verstand der Griechen davon her, daß in Hellas die Natur in Allem klein und schwach ist.[1] Während der Grieche in einem milden die Wärme gleichmäßig in der Zeit

---

einer Untersuchung zäh und sicher festzuhalten und die Ergebnisse klar und lichtvoll zu ordnen, kurz das Talent der „wissenschaftlichen Deduction" in erster Linie zur Entfaltung brachten (Geschichte des Materialismus I. p. 6).

[1] History of civilization in England. I, 99.

vertheilenden Klima eine Quelle der Ueppigkeit und Entnervung erblickt, ist für Montesquieu, der im „Geist der Gesetze" nächst Bodin zuerst wieder in ganz ähnlicher Weise die Abhängigkeit des Volkscharakters vom Klima erörtert hat, die größere oder geringere Entfernung von den Tropen für die Entscheidung derselben Frage maßgebend, indem nach ihm ein heißes Klima die Menschen unsittlich und feige, ein kaltes tugendhaft und beherzt machen soll.¹) Selbst Buckle giebt zu, daß unsere vermehrte Bekanntschaft mit den Naturvölkern die Meinung Montesquieu's als unrichtig erwiesen hat; daß überhaupt sein Unternehmen, Gesellschaft und Staat in ihrem natürlichen Zusammenhang mit Klima, Boden und Nahrung zu erweisen, fast gänzlich mißlungen ist; erklärt aber zugleich, daß daran nur der damalige Zustand der Meteorologie, Chemie und Physiologie schuld sei, und daher jener Vorwurf nur dem Werth seiner Folgerungen, aber durchaus nicht seiner Methode gelte.²) Wenn wir nun aber die wichtigsten Resultate, welche Buckle mit Hilfe derselben Methode erzielt hat, z. B. seine Lehre von dem Zusammenhang einer stärkern Entwicklung der Einbildungskraft und des Wunderglaubens mit der Größe und Schreckhaftigkeit der Natur, von dem Zusammenhange zwischen der socialen Gliederung des Volkes und seiner Ernährung, nicht minder wie ähnliche Aufstellungen seines griechischen und französischen Vorgängers vor der Kritik der Thatsachen in nichts zerfließen sehen³), so liegt doch die Frage

---

1) De l'esprit des lois XIV, 2 und XVII, 2.
2) l. c. 595.
3) Vgl. die treffliche Kritik Buckle's in Peschel's Aufsatz: „Die Zone der Religionsstifter" aus dem „Ausland" 1869, S. 409 in veränderter Gestalt abgedruckt in der Völkerkunde (3. Aufl. S. 324).

nahe, ob nicht schon in der Methode der Keim des Mißerfolges zu suchen sei.¹) Was einmal du Bois-Reymond von gewissen Buckle'schen Deduktionen sagt, daß sie nämlich das Gepräge eines etwas seichten Rationalismus an sich tragen²), gilt für die ganze schon dem Buche des Griechen eigenthümliche Methode überhaupt. Es fehlt derselben insbesondere an klaren Grundanschauungen über das selbständige Neben- und Gegeneinanderwirken physischer, psychischer und allgemein geschichtlicher Faktoren; einseitig auf die physischen Momente gerichtet vermag sie den übrigen nicht gerecht zu werden und verführt nur zu leicht, die Entwicklung der Völker in der vorschnellsten, äußerlichsten Weise von dem Schauplatz ihrer Geschichte abhängig zu denken, ohne Rücksicht auf die dem Volksgeist **immanenten**, nicht allein aus physikalischen Voraussetzungen erklärbaren Gesetze, über die wir freilich bei dem unfertigen Zustand der Völkerpsychologie, wie der Psychologie überhaupt, noch so im Unklaren sind, daß man — insbesondere wieder seit Comte — ihre Existenz ganz leugnen und auch die Erklärung der moralischen und intellektuellen Erscheinungen ausschließlich der Physiologie vindiciren konnte.³)

---

1) Was Montesquieu betrifft, so hat Paulsen (Zeitschrift für Völkerpsychologie und Sprachwissenschaft VIII, 4) ähnlich dem, was wir von dem Griechen bemerkt, mit Recht darauf hingewiesen, daß er über Bedeutung und Werth des induktiven und deduktiven Verfahrens in der Geschichtswissenschaft nicht im Klaren war und daher nicht selten empirisch von vereinzelten Thatsachen abstrahirte Formeln für 'allgemein gültige und nothwendige Gesetze, andererseits Folgerungen aus Begriffen für historische Thatsachen ausgab.

2) Kulturgeschichte und Naturwissenschaft (Deutsche Rundschau 1877. S. 217).

3) cf. Jürgen Bona Meyer: Neue Versuche einer Philosophie der Geschichte. Sybel's historische Zeitschrift XXV. S. 319.

Der hellenische Naturforscher, der französische Staatslehrer und der englische Historiker sind sich darin völlig gleich, daß weder in dem Kapitel Buckle's¹) „über den Einfluß der Natur auf die Einrichtung der Gesellschaft und den Charakter der Individuen" noch in den hierher gehörigen fünf Büchern des „Geistes des Gesetzes" (14—18), noch auch in unserer griechischen Schrift der Gedanke zur Geltung kommt, daß neben der Begabung des Landes die ursprünglichen Anlagen und die Begabung des Volkes von selbständiger²) Bedeutung sind und daher alle Wirksamkeit der äußeren Natur auf das innigste an den Grad der Empfänglichkeit des Volksgeistes gebunden ist.

Nun ist es allerdings weniger befremdlich, daß die offenkundige Tendenz jener Methode, die Erscheinungsformen des Völkerlebens in möglichst unmittelbare Verbindung mit der äußern Natur zu setzen, von Anfang an dazu geführt hat, ein so schwer zu fassendes Mittelglied, wie den psychologischen Grundcharakter der Völker, zu überspringen. Allein schwer

---

1) Derselbe giebt allerdings im weitern Verlauf seiner Darstellung eingehende psychologische Untersuchungen (cap. 4 und 5) und läßt sogar die physischen Gesetze als untergeordnet hinter den geistigen als den „großen Regulatoren des Fortschrittes" zurückstehen (I. 164). Allein trotzdem ist die der Methode anhaftende Einseitigkeit stark genug, daß sie dem Forscher da, wo sich die Betrachtung in die äußere Natur versenkt, über dem Wirken der physischen Gewalten die ideellen Momente so völlig aus den Augen schwinden läßt, wie es in dem bezeichneten zweiten Kapitel der Fall ist.

2) Ich spreche von selbständiger Bedeutung; denn eine solche ist nicht anerkannt, wenn z. B. Montesquieu die freie englische Verfassung zwar auf die Eigenart des englischen Nationalcharakters zurückführt, die letztere aber höchst äußerlich als Produkt des Klimas auffaßt. L. XIV. c. 13: Effets qui résultent du climat d'Angleterre.

begreiflich ist es, daß gerade die Modernen über so klar zu Tage liegende Mittelglieder wie die selbstänbig mitwirkenden allgemein geschichtlichen Faktoren mit der größten Willkür hinwegsehen. „Die Kargheit des Bodens, meint Montesquieu, hat in Attika die Demokratie erzeugt, die Fruchtbarkeit desselben das aristokratische Regiment in Lakedämon!"[1]) Seine These, daß die Fruchtbarkeit des Landes die Masse der Bevölkerung naturgemäß in einen Zustand der Abhängigkeit versetzen müsse, scheint dann wieder der Ausgangspunkt für Buckle's analoge Erklärung der staatlichen und socialen Verhältnisse Indiens, Aegyptens und Mexikos gewesen zu sein. Wegen des Reflexes, den die Vergegenwärtigung moderner Lösungen auf die antike Behandlung unserer Probleme zu werfen geeignet ist, sei hier Ein Punkt der Buckle'schen Ausführungen hervorgehoben. Die Lage der Sudras und der untersten ägyptischen Kasten erscheint hier einzig und allein als der Effekt des Ueberflusses und der Billigkeit der Nahrung, welche, einer guten Vertheilung des Reichthums ungünstig, die despotische Gewalt der obern Klassen, die verächtliche Unterwürfigkeit der untern erzeugt haben sollen. Unter völliger Außerachtlassung aller geschichtlichen Einwirkungen wird der Satz ausgesprochen: „In Indien ist Sklaverei, verworfene ewige Sklaverei der natürliche Zustand der großen Masse des indischen Volkes, zu welchem sie durch physische unwiderstehliche Gesetze verdammt wurde"; — weßhalb Buckle so gut wie Montesquieu[2]) von einem „climat de l'esclavage" reden könnte.

Es berührt außerordentlich wohlthuend, daß in eigenthümlichem Gegensatz zu dem Rechtsphilosophen und dem

---

1) l. c. XVIII, 1.   2) XVII. c. 5.

Historiker, die wir als Repräsentanten einer gegenwärtig nur allzubeliebten naturalistischen Betrachtungsweise herausgehoben haben, der hellenische Naturforscher es unterlassen hat, auch so complicirte Gebilde wie die staatliche und sociale Organisation der Völker einzig aus physikalischen Voraussetzungen abzuleiten. Und doch lag es so nahe, nachdem er wenigstens in Einem Punkte dem Klima einen unwiderstehlichen Einfluß auf den Volkscharakter zugeschrieben, bei dem offenkundigen Zusammenhang zwischen dem Volksgeist und den Formen des politischen und socialen Lebens, auch letztere in gleich einseitige Verbindung mit den physischen Voraussetzungen des menschlichen Daseins zu bringen. Allein er schließt nicht, wie es Montesquieu gethan: Das Klima hat den Asiaten entnervt, feige gemacht und damit dem Despotismus in die Arme getrieben, dem Europäer aber eine männliche Gesinnung verliehen und dadurch die Freiheit garantirt.[1] Denn wenn ihm auch der Mensch — um einen Ausdruck Ritter's zu gebrauchen — nicht bloß im Leiblichen als der Spiegel seiner Erdlokalität, sondern auch in seinen moralischen ja selbst intellektuellen Eigenschaften wesentlich durch diese bedingt erscheint, so hebt er doch unter den schon die Grundzüge des Volkscharakters bestimmenden Momenten geschichtliche, nicht in physischen Ursachen gegründete Faktoren so entschieden hervor, daß es doch nur als ausnahmsweise Verirrung erscheint, wenn er sich einmal den Volksgeist nach einer Seite hin ganz ausschließlich durch physische Kräfte gestaltet denkt. Er hätte demnach bei einer völkerpsychologischen Erklärung des Staates in der Weise Montesquieu's kaum eine Staatsform als reines

---

[1] XVII. 2.

Naturprodukt aufgefaßt oder, um mit dem „Geist der Gesetze" zu reden¹), ausschließlich als den Effekt einer „natürlichen" d. h. physischen Ursache, sondern höchstens als Erzeugniß des Zusammenwirkens physischer und geschichtlicher Beeinflussungen des Volksgeistes.

Die Art und Weise, wie er der Naturgewalt den Staat als selbständig auf den Menschen wirkende Macht zur Seite stellt, beweist deutlich genug, daß er die Wurzeln der Verschiedenheit staatlicher Organisation auf einem nicht bloß von den Gesetzen der äußern Natur beherrschten Gebiete sucht, nämlich in der Geschichte. Bei der Analyse des europäischen und asiatischen Volkscharakters zieht Hippokrates, um die von ihm hinsichtlich der militärischen Tüchtigkeit beobachteten Unterschiede zwischen Europäern und Asiaten zu erklären, neben den klimatischen Einflüssen den Staat als selbständigen Faktor heran. Er entwickelt in rein historischer Weise die entnervenden Wirkungen der asiatischen Despotien und die Bedeutung der freien Verfassungen Europas für die Heranbildung kriegstüchtiger Völker²); — und so sehr er auch sonst geneigt ist, die ethnographischen Eigenthümlichkeiten auf physikalische Verschiedenheiten zurückzuführen, seine Behauptung, daß gerade diejenigen Asiaten — Hellenen sowohl als Barbaren —, welche sich einer freien Verfassung erfreuten, die despotisch regierten an kriegerischer Tüchtigkeit überragten³), zeigt doch, daß er keinen Anstand nimmt, die natürlichen Einflüsse unter Umständen gänzlich hinter den geschichtlichen zurücktreten zu lassen. — Es liegt darin das bedeutsame Anerkenntniß, daß auch die

---

1) l. c.
2) cap. 16, p. 64 und c. 23, p. 84.
3) l. c. p. 64.

„einzige Leuchte", welche nach du Bois-Reymond die sogenannte Weltgeschichte erhellen soll, die Lehre von den Völkerpsychosen, des nährenden Stoffes der „bürgerlichen" Geschichte nicht entrathen kann. Wenn freilich der Berliner Physiologe Recht hätte, daß „die Naturwissenschaft das absolute Organ der Kultur und die Geschichte der Naturwissenschaft somit die eigentliche Geschichte der Menschheit ist"[1]), dann hätte der Arzt von Kos einen Mißgriff gethan, wenn er den Volksgeist, den Träger dieser Kultur, nur im Zusammenhang mit dem von Reymond sogenannten „unersprießlich einförmigen Wellenschlag der Staatenbildung" begreifen zu können glaubte und damit die Nothwendigkeit der bürgerlichen Geschichtschreibung als einer vollberechtigten Disciplin anerkannte. Wenn man bedenkt, daß noch nach Kant's Lehre von dem innigen Zusammenhang zwischen der staatlichen Organisation der Völker und deren Befähigung zu einer möglichst allseitigen Entwicklung ihrer Anlagen[2]), daß noch gegenüber der so unendlich vertieften geschichtlichen Erkenntniß unserer Tage hervorragende Geister die staatliche Entwicklung der Völker als ein unersprießliches für den Kulturfortschritt irrelevantes Spiel betrachten können, so erscheint solche moderne Einseitigkeit kaum durch das überboten, was wir in dem Buche des Griechen an Verirrungen gefunden haben.

Wenn man sich den mächtigen Eindruck vergegenwärtigt, den Herder's, Humboldt's und Ritter's Ideen über das geheimnißvolle Ineinanderwirken der physischen und moralischen Welt auf ihre Zeit gemacht haben und noch heute immer wieder

---

1) l. c. p. 232.
2) Vgl. Idee zu einer allgemeinen Geschichte in weltbürgerlicher Absicht. Werke IV, 299 flgd.

von Neuem auf denjenigen machen müssen, der, mit der Erdkunde nur durch die leider noch so häufige statistische Behandlungsweise der Schule vertraut, plötzlich an der Hand Ritter's oder Peschel's in die vergleichende Erd- und Völkerkunde eingeführt wird; wenn man selber als Lehrer Gelegenheit gehabt hat, zu beobachten, welchen reizvollen Zauber Ritter's Methode mit ihrer innigen Verknüpfung von Natur und Menschenwelt schon auf die jugendlichsten Gemüther durch die eminente Anregung und Befriedigung des Causalitätstriebes auszuüben vermag, so wird man wohl kaum daran zweifeln, daß das „goldene Buch des Hippokrates", welches, wie es scheint, zum ersten Male eben dieselben Probleme formulirte und theilweise zu lösen versuchte, in einer geistig so angeregten Zeit, wie es die Epoche der Sophistik war, den lebhaftesten Widerhall gefunden hat. Man konnte ja damals allerdings bei Herodot und wohl auch bei einzelnen Logographen vortreffliche geographische Schilderungen und große Feinfühligkeit für ethnographische Unterschiede finden, allein zu einer so methodischen Analyse des Causalzusammenhangs zwischen Landes- und Volksnatur, wie sie Hippokrates versucht hat, ist doch selbst Herodot trotz der ausgeprägten ethnographischen Tendenz seines Geschichtswerkes nicht gekommen. Nichts könnte in der That die eigenthümliche Bedeutung, welche die hippokratischen Untersuchungen für jene Zeit hatten, besser veranschaulichen, als die meines Wissens noch nirgends versuchte Darlegung dessen, was die zeitgenössische Geschichtschreibung Herodot's mit ihrer glänzenden Verknüpfung von Historie, Länder- und Völkerkunde für den Fortschritt auf dem bezeichneten Gebiete geleistet hat.

Es läßt sich kaum ein geschichtlicher Vorwurf denken, der

die Probleme der hippokratischen Schrift damals dem Geiste hätte näher legen können, als der auf uralte Gegensätze zurückführende Weltkampf zwischen Orient und Occident. Wirklich ist Herodot auch der einen aus dem Plane seines universellen Werkes sich ergebenden Forderung eines **vergleichenden Volksstudiums** in hohem Grade gerecht geworden. Durch sein ganzes Geschichtswerk zieht sich, um mit Riehl zu reden, die Tendenz „einer in der Parallele sich wechselseitig beleuchtenden Gegenüberstellung griechischen und asiatischen Volksthums".[1]) Wir verdanken ihm seine Bemerkungen über den Unterschied von Hellenen und Barbaren in Beziehung auf geistige Begabung, sittliche Tüchtigkeit und Charaktergröße [2]), sowie eine Fülle von vergleichenden Beobachtungen über die Eigenthümlichkeiten der verschiedensten Völker des Erdkreises.[3]) Dem entspricht es, daß wir auch die **geographische** Forschung Herodot's bereits über jenes Niveau sich erheben sehen, welches Karl Ritter als charakteristisch für den ursprünglichen Zustand der geographischen Wissenschaft bezeichnet hat. Denn wenn

---

1) Die Volkskunde als Wissenschaft. Kulturstudien 205. Auch Gervinus (Gesammelte kleine Schriften 103) hat bemerkt, daß sich bei Herodot „eine Art Parallelismus, weniger im Historischen als im Ethnographischen, Geographischen und Naturgeschichtlichen zeigt"; ohne denselben jedoch irgend näher zu charakterisiren.
2) I, 60. VII, 102 flgb. VIII, 26.
3) Hellenen — Lydier I, 94. Cypern — Babylon I, 199. Aegypter — Kolcher II, 105. Die verschiedenen skythischen (IV, 47 flgb.) und libyschen Stämme IV, 187. Ferner die Aegypter (II, 35) und die Völker am Pontus (IV, 36) im Gegensatz zu allen andern Völkern. Siehe die vergleichende Beobachtung über die Stellung der gewerblichen Klassen in verschiedenen hellenischen Staaten wie bei nicht griechischen Völkern II, 167; ferner die Parallele zwischen Spartanern und Aegyptern in Beziehung auf gewisse kastenartige Einrichtungen VI, 60 u. a. dgl.

diese anfänglich „nur aus der gesonderten Betrachtung isolirter örtlicher Einzelnheiten der Räume im Verbande mit den Erscheinungen eben so isolirter Zeitmomente historischer Personen, seien es wirkliche Individuen oder Völker, hervortreten konnte"[1]), so bekunden dem gegenüber die dem vergleichenden Moment in seiner ethnographischen Forschung entsprechenden feinsinnigen Bemühungen Herodot's um die Erkenntniß des Analogen und Verschiedenartigen in den Formen und Naturverhältnissen der Erdenräume[2]) einen wichtigen Fortschritt auf dem Gebiete der Erdkunde. Allein so sehr er die ethnographischen und tellurischen Erscheinungen je für sich aus ihrer Besonderung herauszuheben weiß, so bleibt doch insoferne ein ungelöster Dualismus bestehen, als die Resultate der geographischen und ethnographischen Vergleichung nicht in hippokratischer Weise dazu benutzt werden, die Analogien und Gegensätze im Leben der Völker wenigstens theilweise als Wirkungen gleichartiger oder verschiedener Organisation der Erdlokalitäten wissenschaftlich zu erweisen.

---

1) Ueber das historische Element in der geographischen Wissenschaft. Aus den Abh. der Berl. Akad. (1833) abgedruckt in den „Abhandlungen zur Begründung einer mehr wissenschaftlichen Behandlung der Erdkunde" (1852). S. 156.

2) Vgl. die schon von Ritter (Einleitung zu dem Versuche einer allgemeinen vergl. Geographie l. c. p. 25) hervorgehobene Vergleichung Libyens mit Europa in Beziehung auf Niger und Ister II, 33; dazu ferner Aegyptens, Libyens, Arabiens, Syriens II, 12. Libyens mit Asien IV, 44, mit Europa und Asien IV, 198; der Krim mit Attika und Apulien IV, 99; eines Theils von Libyen mit Babylonien, sowie der libyschen Landschaften unter sich ib. 191 und 198; Aeoliens und Joniens hinsichtlich ihres Bodens und Klimas I, 149. Vgl. die Beobachtung über die individuelle Stellung Joniens hinsichtlich des Klimas I, 142 und ähnlich Griechenlands III, 106; ferner des Pontus IV, 85 u. a. dgl.

Nicht daß Herodot der Gedanke an einen derartigen Causalnexus überhaupt ferne gelegen hätte! Er hat auch darin manchen seinen Blick gethan; allein was sein Buch für diese Frage bietet, bleibt doch zu sehr in den Anfängen, als daß es mit den hippokratischen Leistungen auf dasselbe Niveau gestellt werden könnte. — Wenn er z. B. in der Einleitung zu seinen Schilderungen von Land und Volk der Aegypter bemerkt, daß „ebenso wie ihr Himmel ein eigenartiger und die Natur ihres Stromes von der aller andern Flüsse abweiche, so auch die meisten ihrer Sitten und Gesetze denen aller andern Menschen entgegengesetzt seien"[1], so würde man doch sehr irren, falls man nun irgend einen Nachweis erwartete, in wie weit diese Originalität von Volkscharakter und Volkssitte als Effekt der klimatischen und hydrographischen Eigenart des Landes zu betrachten sei; in dem Sinne, wie Herodot aus den speciellen Eigenschaften des Klimas zu beweisen versucht, warum die sanitären Verhältnisse Aegyptens nächst denen Libyens die günstigsten von der Welt sind.[2] Ja es möchte scheinen, als ob jene Bemerkung Herodot's, indem sie Sitte und Recht der Aegypter ausdrücklich als Werk ihres Willens[3] hinstellt (ἐστήσαντο ἤθεα κτλ.), gar nicht einmal einen ursächlichen Zusammenhang zwischen Land und Volk im Auge hatte, sondern in rein äußerlicher Weise die Ueberein-

---

1) II, 35: Αἰγύπτιοι ἅμα τῷ οὐρανῷ τῷ κατὰ σφέας ἐόντι ἑτεροίῳ καὶ τῷ ποταμῷ φύσιν ἀλλοίην παρεχομένῳ ἢ οἱ ἄλλοι ποταμοί, τὰ πολλὰ πάντα ἔμπαλιν τοῖσι ἄλλοισι ἀνθρώποισι ἐστήσαντο ἤθεά τε καὶ νόμους.

2) II, 77.

3) An einer andern Stelle erscheint allerdings die Monarchie gewissermaßen als eine Nothwendigkeit für Aegypten (II, 147: οὐδένα γὰρ χρόνον οἷοί τε ἦσαν ἄνευ βασιλέος διαιτᾶσθαι).

stimmung zwischen der einzigartigen Individualität des Volkes und der des Landes hervorheben wollte.

Es wäre allerdings voreilig anzunehmen, daß Herodot, wenn er von geschichtlichen und damit unmittelbar zusammenhängenden geographischen Gegensätzen spricht, ohne das zwischen beiden bestehende Abhängigkeitsverhältniß irgend anzudeuten, sich desselben in der That gar nicht bewußt gewesen sei. So wird es z. B. seinem Scharfblick ebensowenig, wie später Montesquieu[1]), entgangen sein, daß die von ihm berichteten politischen Parteiungen der solonischen Zeit auf das Engste mit der Natur des attischen Landes zusammenhängen, aus welcher sich gewisse wirthschaftliche und sociale Gegensätze zwischen Küstenvolk, altansäßigem Grundbesitz und Gebirgsbevölkerung von selber ergaben.[2]) Dergleichen jedoch besonders hervorzuheben hatte eine der lydischen Geschichte eingefügte kurze Episode über Hellas keine Veranlassung. Die Auffassung des Historikers kann im einzelnen Falle immerhin eine tiefere gewesen sein, als sie der Plan seines Werkes zu entwickeln verstattete. Lassen doch wenigstens einzelne Stellen des Buches deutlich die Absicht Herodot's durchblicken, dem Leser entgegengesetzte Völkerschicksale als Wirkungen entgegengesetzter Landesnaturen zu veranschaulichen. Man denke an die bedeutsame Erzählung, mit welcher das ganze Geschichtswerk abschließt. Nachdem die Perser die Vorherrschaft in Asien gewonnen, traten sie, wie es dort heißt, vor Kyros mit dem Vorschlage, er möge das Volk aus der kleinen und rauhen persischen Landschaft in bessere Gebiete übersiedeln, wie sie der gewonnenen Machtstellung in höherem Grade entsprächen. Kyros bemerkt

---

1) l. c. XVIII. c. 1.   2) I. 59.

dagegen, daß sie einen solchen Besitzwechsel mit dem Preis der Herrschaft würden bezahlen müssen. „Denn weiche Länder pflegten weiche Männer zu machen, und nicht sei es einem und demselben Boden gegeben, köstliche Frucht zu erzeugen und kriegstüchtige Männer."¹) „Darauf denn die Perser des Bessern geständig gleich zurücktraten, von Kyros überzeugt, und lieber Herren im harten Lande, als im Saatgefilde Knechte sein wollten."²) Vergleicht man damit die warnende Rede des Lydiers Santanis vor Kroisos im ersten Buche, welche das rauhe Land und die rauhe Art der Perser dem reichgesegneten Lydien gegenüber stellt und dadurch offenbar, ohne es direkt auszusprechen, die ersteren als die innerlich Ueberlegenen hinzustellen sucht³), so scheint es in der That, als ob durch die Erzählung selbst in dem Leser das Gefühl erweckt werden sollte, daß in der Verschiedenartigkeit der Geschicke beider Völker sich die geographischen Gegensätze ihrer Heimatländer widerspiegeln.

All das kann nun aber freilich nicht genügen, Herodot eine analoge Bedeutung für den Fortschritt der Erkenntniß der im Völkerleben und in der Geschichte thätigen Kräfte der Natur zuzuschreiben, wie sie uns die Leistungen des Hippokrates zu besitzen scheinen. Wird doch der Werth der Darstellung Herodot's schon dadurch abgeschwächt, daß er sich den

---

1) IX, 122: φιλέειν γὰρ ἐκ τῶν μαλακῶν χωρέων μαλακοὺς ἄνδρας γίνεσθαι· οὐ γάρ τοι τῆς αὐτῆς γῆς εἶναι καρπόν τε θωμαστὸν φύειν καὶ ἄνδρας ἀγαθοὺς τὰ πολέμια.

2) ib. — ἄρχειν τε εἵλοντο λυπρὴν οἰκέοντες μᾶλλον ἢ πεδιάδα σπείροντες ἄλλοισι δουλεύειν.

3) Vgl. den bezeichnenden Schluß der Rede: ἐγὼ μὲν νῦν θεοῖσι ἔχω χάριν οἳ οὐκ ἐπὶ νόον ποιεῦσι Πέρσῃσι στρατεύεσθαι ἐπὶ Λυδούς. I, 71.

Ruin der lydischen Monarchie und des lydischen Volkes und damit die Machtstellung Persiens in Vorderasien im Grunde doch durch das Walten jener dunklen Schicksalsmächte herbeigeführt denkt¹), neben denen nicht einmal der Wille der Gottheit, geschweige denn die auf den Volksgeist wirkenden Elemente der unbelebten Natur von selbständiger Bedeutung sein können. Allein auch wenn man von dieser zu einem Grundprincip der hippokratischen Forschung in schroffem Widerspruch stehenden Thatsache absehen wollte, so bleibt doch immer noch ein wesentlicher Unterschied zwischen herodoteischer und hippokratischer Betrachtungsweise bestehen. Die Bemerkungen über den Zusammenhang zwischen Natur und Geschichte, wie wir sie bei Herodot finden, geben sich nicht als das Resultat einer wissenschaftlichen Reflexion des Historikers, sie werden vielmehr mitgetheilt als Aeußerungen anderer, an den erzählten Ereignissen als Mithandelnde oder Beobachter betheiligter Personen; als unmittelbarer Ausdruck der praktischen Verständigkeit vergangener Zeiten. Herodot acceptirt sie, wie sie ihm überliefert sind, und ist auch für seine Person weit entfernt, sich über den Standpunkt jener anspruchslosen Erzeugnisse des unmittelbaren Volksbewußtseins zu erheben. Schon die Thatsache, daß er sich einerseits der Ansicht von der Unvereinbarkeit eines reichen Bodens und einer kräftigen Bevölkerung anschließt und andererseits der Güte des Landes einen wesentlichen Antheil an der aufblühenden Kraft Spartas zuschreibt²), läßt klar erkennen, wie es sich auch bei ihm nur um ein dem unmittel-

---

1) 1, 91.
2) I, 66: οἷα δὲ ἔν τε χώρῃ ἀγαθῇ καὶ πλήθεϊ οὐκ ὀλίγων ἀνδρῶν, ἀνά τε ἔδραμον αὐτίκα καὶ εὐθυνήθησαν.

baren Eindruck folgendes Urtheilen handelt, welches, jeder Begründung sich entschlagend, nothwendig naiv, beschränkt, widerspruchsvoll sein wird. Erst bei Hippokrates erhebt sich die Behandlung dieser Fragen zu jener höheren Stufe des Verstehens, wo sich die Erkenntniß des Gesetzes als die Frucht eines wissenschaftlichen Beweises darstellt. Erst bei ihm begegnen wir einem wissenschaftlichen Versuche, das Wesen des Zusammenhanges zwischen Volksgeist und Landesnatur durch eine Analyse der psychologisch-physiologischen Wirkungen von Boden, Klima u. s. w. kritisch festzustellen; einer methodischen Untersuchung, die, um einen Ausdruck Ritter's zu gebrauchen, „den Begriff zur Entwicklung und zur Klarheit zu bringen, der Erscheinung das Gesetz zu entlocken" bestrebt war, und zwar auf einem Wege, welchen Herodot's Darstellung nirgends eingeschlagen hat.

Eine ähnliche Beobachtung machen wir, wenn wir der Frage näher treten, in wie weit Herodot etwa die Parallele zwischen orientalischem und hellenischem Volksthum, welche den Hintergrund seines ganzen Werkes bildet, dahin vertieft hat, daß er durch eine Gegenüberstellung asiatischer und europäischer Landesnatur die geographischen Voraussetzungen bloßlegte, mit denen jener große ethnographische Gegensatz und die auf diesem Gegensatz beruhende Endentscheidung des Völkerkampfes zusammenhing.

An sinnvollen Andeutungen fehlt es natürlich auch hier nicht. Man vergegenwärtige sich nur die denkwürdigen Worte, die der Spartiate Demarat vor dem Großkönig äußerte, als derselbe die stolze Ueberzeugung aussprach, daß die Hellenen und alle übrigen Völker des Westens zusammengenommen der Macht des asiatischen Weltreiches nicht gewachsen seien. „Mit

Hellas, erwidert Demarat[1]), ist von jeher die Armuth verschwistert gewesen, allein kraft jener Tugend, welche es sich selbst erworben durch verständigen Sinn und strenges Gesetz, vermag es der Dürftigkeit zu wehren und der Gewaltherrschaft."
— Vergleicht man damit die Aeußerung über die Abhängigkeit der inneren Kraft und äußeren Stellung der Völker von einer gewissen Kargheit der Landesnatur, so wird es wohl nicht bloß als Zufall erscheinen, daß Herodot den Bericht über die Unterredung Demarat's mit Xerxes, welche jenen Hinweis auf das arme und doch innerlich starke Hellas enthält, unmittelbar an die Schilderung der persischen Heeresmacht angereiht hat, wo ein so glänzendes Bild orientalischer Pracht und Herrlichkeit entrollt wird. Wer weiß, wie gerne Herodot die Geschichte selbst reden läßt, wird wohl auch hier nicht die Absicht des Historikers verkennen, daß sich dem hellenischen Leser aus der Darstellung selbst die Erkenntniß der innern Ueberlegenheit hellenischen Volksthums als einer Frucht des Gegensatzes zwischen hellenischer und asiatischer Landesnatur ergeben möge.

Allein soviel Gewicht man auch dieser Tendenz beilegen mag, so wird man doch gegenüber solch allgemeinen ganz in dem Rahmen populärer Anschauungsweise bleibenden Andeutungen einen entschiedenen Fortschritt darin erblicken müssen, daß nun Hippokrates die Ansicht von der ethnographischen Verschiedenheit der Asiaten und Europäer überhaupt als wissenschaftliches Problem formulirt und im Einzelnen aus der verschiedenen klimatischen Begabung beider Erdtheile zu

---

1) VII, 102: τῇ Ἑλλάδι πενίη μὲν ἀεί κοτε σύντροφός ἐστι, ἀρετὴ δὲ ἐπακτός ἐστι, ἀπό τε σοφίης κατεργασμένη καὶ νόμου ἰσχυροῦ, τῇ διαχρεομένη ἡ Ἑλλὰς τήν τε πενίην ἀπαμύνεται καὶ τὴν δεσποσύνην.

begründen versucht hat. Uebrigens mag der Gedanke an einen derartigen Versuch Herodot an sich schon ferne gelegen sein. Wissen wir ja doch, wie wenig sich seine allgemeine Erdanschauung von dem Gesammtbild der alten Welt als einer **einzigen** großen zusammenhängenden Ländermasse zu trennen und der drei Hauptgegensätze, welche innerhalb dieser Einheit hervortreten, bewußt zu werden vermocht hat. Herodot hat diesen Mangel in seiner geographischen Einsicht selbst am besten veranschaulicht, indem er das Geständniß ablegt, daß er nicht begreifen könne, warum man die Erde, die doch ein Ganzes sei, mit drei Namen benenne [1]), und indem er den Versuch macht, die übliche Theilung in Asien, Libyen und Europa durch die Behauptung ad absurdum zu führen, daß man consequenter Weise das Nildelta als vierten Erdtheil aufstellen müßte.[2]) Ihm mochte allerdings diese innerlich so tief begründete [3]) Dreitheilung minder berechtigt erscheinen Angesichts der Vorstellung, welche die Zeit und er selbst von der horizontalen Ausbreitung der drei Hauptglieder der alten Welt gehabt hat. Wie hätten auch auf dem verschwommenen, verzerrten Bilde, auf dem Europa über die beiden andern Welttheile sich hinzog und bei seiner unergründeten Ausdehnung nach West und Nord die letzteren an Breite ins Unabsehbare zu überragen schien [4]), dem Beobachter so leicht jene Züge ins

---

1) IV, 45.

2) II, 16.

3) cf. Ritter: Allgemeine Bemerkungen über die festen Formen der Erdrinde l. c. 69.

4) IV, 42, 45. cf. Niebuhr: Ueber die Geographie Herodots. Kleine historische und philologische Schriften I, 140. Rennell: The geographical system of Herodotus I, 3, 45, 18. II, 4. 2. Auflage (1830). Bobrik: Geographie des Herodot. § 2.

Auge fallen können, aus denen die spätere Wissenschaft des Alterthums die Sonderung des bekannten Erdganzen in drei große, individuell scharf geschiedene Theile und deren Bedeutung für die Geschichte der Menschheit in glänzender Weise abzuleiten gewußt hat? Um so größer erscheint freilich eben darum das Verdienst seines Zeitgenossen von Kos, der bereits damals den Gegensatz zwischen Europa und Asien mit solcher Entschiedenheit betont und beide als verschiedenartig ausgestattete, zu verschiedenen Funktionen im Gange der Geschichte berufenene Erdtheile darzustellen versucht hat.

Wenn sich nun aber auch bei Herodot noch nicht jene organische Verbindung der Verhältnißlehre der Räume mit jener der Völker nachweisen läßt, wie sie Hippokrates durchzuführen unternahm, so bewährt sich doch, wo er einzelne Erdlokalitäten in ihrer Besonderung betrachtet, seine Gabe treuer und scharfer Beobachtung durch manchen feinen Blick auf den Zusammenhang zwischen der Entwicklung der Völker und dem Schauplatz ihrer Thätigkeit. Ich erinnere nur an die dem Megabazos in den Mund gelegte Aeußerung über den blinden Unverstand der Chalkedonier, welche die günstige Lage des Punktes, auf dem später Byzanz begründet ward, nicht erkannt hätten[1]), sowie an die Bemerkung Herodot's über die hohe Bedeutung, welche für die Skythen die Natur ihres Landes hatte, das sich ihnen gewissermaßen als helfender Bundesgenosse zur Bewahrung der Freiheit offenbarte.[2])

Den Alten lag ja überhaupt der Gedanke an einen innigen Zusammenhang von Volk und Land außerordentlich

---

1) IV, 144.
2) IV, 47: — ἐξείρηται δέ σφι ταῦτα τῆς τε γῆς ἐούσης ἐπιτηδέης καὶ τῶν ποταμῶν ἐόντων σφι συμμάχων κτλ.

nahe. Denn wie schon Ritter bemerkt hat[1]), griff im Alterthum die lokale Physik der Heimat, die vaterländische Natur in die Individualität der Völker und Staaten um so mächtiger ein, als sie überall mehr auf ihre Heimaten und auf sich selbst angewiesen waren. Ritter geht allerdings etwas zu weit, wenn er meint, daß damals die Völker „unberührt von der Fremde, noch ganz dem heimatlichen Himmel und Boden entwuchsen, der in seiner vollen jungfräulichen Kraft ihr ganzes Geäder und alle Glieder durchdrang mit seinen nährenden Gaben und Kräften". Soviel jedoch ist zuzugeben, daß bei jenen Völkern, sei es Aegyptern, Persern, Hebräern oder Hellenen und Italern, alles Nationale auch wirklich vaterländisch und heimatlich in großer Einheit aufgetreten sei.

Neben dieser Thatsache ist als zweites wichtiges Moment eine gewisse Richtung im Naturgefühl der Griechen hervorzuheben, welche der weiteren Ausbildung der bei Herodot noch im populären Gewand auftretenden, von Hippokrates auf das Niveau des wissenschaftlichen Problems erhobenen Gesichtspunkte ebenfalls förderlich war. Der Grieche, durch ein vielbewegtes öffentliches Leben von einem einseitigen Versenken in die Natur abgezogen, zeigte bekanntlich von jeher eine ausgeprägte Neigung, den Erscheinungen des Naturlebens eine Beziehung auf die Menschheit beizulegen; eine Neigung, die besonders charakteristisch in der großen Vorliebe hervortritt, mit welcher die Poesie ihre Naturschilderungen an menschliche Verhältnisse anzuknüpfen pflegte.[1]) Dazu kam ferner, daß sich die Zeit, angeregt durch des Anaxagoras physische

---

1) Ueber das historische Element in der geogr. Wissenschaft l. c. 179.
2) cf. A. v. Humboldt: Kosmos II. S. 8 u. 104 flgb. (Naturgefühl nach Verschiedenheit der Zeiten und Völkerstämme.)

Erklärung der Naturerscheinungen, der Beobachtung der Natur im Einzelnen zuzuwenden begann und durch die Bewunderung ihrer Gesetzmäßigkeit immer mehr zu einer teleologischen Naturauffassung geführt wurde.[1]) Es erscheint daher gewiß nicht zufällig, daß uns als erster Zeuge für die Einbürgerung der von Hippokrates entwickelten Ideen Euripides entgegentritt, der Dichter und Schüler der Naturphilosophie des Anaxagoras.

„Ihr Nachkommen des Erechtheus", redet er in dem herrlichen Lobgesang auf Attika die Athener an[2]), „glücklich von der Vorzeit her, Lieblinge der seligen Götter, aus eurem heiligen, uneroberten Lande pflückt ihr die ruhmvolle Weisheit wie eine Frucht des Bodens[3]) und schreitet beständig mit anmuthigem Behagen durch den strahlenden Aether eures Himmels daher, in welchem die neun heiligen Musen Pieriens einst die blondgelockte Harmonie als ihr gemeinschaftliches Kind gepflegt haben sollen. Auch sagt man, daß die Göttin Kypris Wellen aus dem schönströmenden Kephysios geschöpft und sie in Gestalt milder, sanft fächelnder Lüfte über das Land hingehaucht habe, und immerfort sende die reizende Göttin, die Locken mit duftenden Rosenflechten bekränzend, die Liebesgötter aus, um sich zur ehrwürdigen Weisheit zu gesellen und jeglicher Tugend Werke zu unterstützen."

---

1) cf. Lehrs: Zeus und die Moira (in den „Aufsätzen aus dem Alterthum, vorzugsweise zur Ethik und Religion der Griechen". 2. Aufl. 220).
2) Medea vv. 824 flgb.
3) $ἱερᾶς$
$χώρας ἀπορθήτου τ᾽ ἀποφερβόμενοι$
$κλεινοτάταν σοφίαν.$
Ich folge im Text der trefflichen Wiedergabe der Stelle bei Otfried Müller: Geschichte der griechischen Literatur II, 5.

Der Dichter hat hier, wie sich Otfried Müller schön ausdrückt, die reine, von frischen Lüften gekühlte und geläuterte Luft Attikas als einen **geistigen** Aether geschildert, der allen Erzeugnissen des attischen Geistes jene eigenthümliche Anmuth verleihe, die sie wie ein zarter Duft umgiebt. — Mag diese Auffassung unmittelbar durch hippokratische Studien angeregt worden sein¹) oder nicht, jedenfalls ist die Art und Weise, wie hier die Eigenart attischer Bildung aus dem Klima abgeleitet wird, ganz im Geiste der von Hippokrates vertretenen Richtung gedacht und erinnert daher eben so sehr an diesen, wie an die moderne Reflexion auf demselben Gebiete. Man vergleiche nur diese Stelle des Euripides mit den von Humboldt in der Physiognomik der Gewächse ausgesprochenen Ideen über die Rückwirkung des hellenischen Himmels auf die Gemüthsstimmung der Griechen, sowie der klimatischen Verhältnisse überhaupt auf die Richtung der Kultur, den Volkscharakter, die düstere oder heitere Stimmung der Menschheit.²) So gelten denn auch für die euripideische Betrachtung dieselben Bedenken, welche gegen Humboldt zuerst Peschel geltend gemacht hat, indem er darauf hinwies, wie unter dem Wonnehimmel Mexikos mit seinem ewig heiteren Wetter und seiner erquickenden Höhenluft der schwermüthige Sinn der Eingeborenen Anahuaks alle Schrecken eines finsteren und blutigen Götterdienstes ausbrüten konnte.³)

---

1) Ich vermag allerdings so wenig in den „Wolken" des Aristophanes (v. 326), wie in dem von Clemens Alex. mitgetheilten Fragment des Euripides einen direkten Hinweis auf Hippokrates zu erkennen; cf. Littré l. c. XVII.

2) Ansichten der Natur II. 18. Vgl. übrigens schon Winckelmann: Geschichte der Kunst des Alterthums L. I, c. 3, § 16—18.

3) l. c. p. 328. Vgl. übrigens auch Hegel: Philosophie der Geschichte. Werke Bd. IX, 75. 2. Ausg. S. 99.

In einer Zeit, welche derartige psychologische Probleme von der Schaubühne herab popularisiren konnte, war es natürlich, daß der zweite Schritt, welcher noch zu thun war, rasch erfolgte. Wir sahen, daß sich das Buch des Hippokrates durchaus darauf beschränkte, die Wechselbeziehungen zwischen Landesnatur und Volkscharakter zu erörtern. Eine Ableitung der äußeren Schicksale der Völker aus der Natur war nicht versucht worden und lag ja auch gar nicht im Plane seines vorwiegend medicinischen Interessen dienenden Buches. Allerdings werden historische Thatsachen wie die Staatsverfassungen direkt für die Darstellung verwerthet, allein es wird nicht der leiseste Versuch gemacht, auch sie mit dem Grundgedanken des Buches in dieselbe Verbindung zu bringen, wie es mit den ethnographischen Eigenthümlichkeiten der Fall ist. Jene Thatsachen der politischen Geschichte stehen unvermittelt denen der Natur gegenüber; wenngleich man freilich kaum annehmen darf, daß es einem der feinsten Köpfe des Griechenthums gänzlich entgangen sein sollte, von welch weittragender Bedeutung die Landesnatur durch die Beeinflussung des Volksgeistes und Volkslebens auch für die Gestaltung des Staates ist, wie sehr überhaupt die natürlichen Grundlagen des Seins den äußern Gang der Geschichte bestimmen.

Einer künftigen Geschichte der historischen Wissenschaft wird es vergönnt sein, den inneren Entwicklungsgang jener unsere Wissenschaft so sehr befruchtenden Ideen von dem Moment an, wo sie zuerst vor dem Geiste des Denkers, wenn auch in unvollkommener Gestalt auftauchten, bis zur höchsten im Alterthum erreichten Stufe der Ausbildung in befriedigenderer Weise bloßzulegen, als es bei diesem ersten Versuche einer Darstellung jenes Entwicklungsganges der Fall sein kann. Wir müssen uns bescheiden, auf die kaum noch beobachtete, bei der wunderbaren Raschheit hellenischer Geistesentwickelung freilich leicht begreifliche Thatsache hinzuweisen, daß die Gedankenreihe, welche in dem Buche des großen Arztes durchgeführt worden, gerade an dem Punkte, an welchem Hippokrates stehen geblieben war, alsbald von der Geschichtschreibung aufgenommen und vielfach der Versuch gemacht wurde, auch das, was bei jenem — in der Darstellung wenigstens — noch ganz unvermittelt neben einander steht, in einen gewissen ursächlichen Zusammenhang zu bringen.

Die meisterhaften geographischen Schilderungen des Thukydides, die, wie schon Roscher hervorgehoben[1]), in der innigsten Verbindung mit der geschichtlichen Erzählung stehen, kommen für uns hier allerdings nicht in Betracht, da sie wesentlich nur die Erklärung der kriegerischen Operationen bezwecken, während uns hier nur die Beobachtungen interessiren, welche eine Einsicht in die tiefere Bedeutung des geographischen Elementes für die allgemeine Entwicklung der Völker bemerken lassen. Wir heben daher hier nur ein Moment aus den genialen Schilderungen der rohen Urzeit der Hellenen hervor, von denen Roscher einmal gesagt hat, daß sie geradezu typische Gemeingiltigkeit besitzen.[2]) Thukydides weist dort darauf hin, daß in jener Periode hellenischer Völkerwanderungen diejenigen Landschaften am häufigsten ihre Bevölkerung gewechselt hätten, welche wie Thessalien, Böotien

---

1) Thukydides S. 191.
2) Ansichten der Volkswirthschaft aus dem geschichtlichen Standpunkt S. 8: Ueber das Verhältniß der Nationalökonomie zum klassischen Alterthum.

und der größte Theil des Peloponnes am meisten von der Natur gesegnet seien, während z. B. in Attika mit seinem kargeren Boden sich stets dieselbe Bevölkerung unangefochten behauptet habe.[1]) Zur Erklärung dieser Thatsache lag es nahe, auf den größeren oder geringeren Reiz hinzuweisen, welchen die Fruchtbarkeit des Landes für die Eroberungslust fremder Stämme in jener Zeit der Wanderung haben mußte; ein Motiv, welches auch später wieder Cäsar zur Erklärung germanischer Völkerwanderungen geltend gemacht hat. Thukydides thut dies auch, hat sich aber nicht, wie Strabo, der unserer Stelle gedenkt[2]), auf dieses äußerliche Moment beschränkt. Er geht tiefer und zieht als weiteren Faktor die innerliche Schwächung der auf fruchtbarem Boden angesiedelten Stämme heran, welche er als Resultat eben dieser Fruchtbarkeit zu erweisen sucht.

Man erinnert sich, wie Buckle den Untergang alter außereuropäischen Kulturen aus der Ueppigkeit der Landesnatur hergeleitet hat. Indem dieselbe nach ihm die Ansammlung von Reichthum befördert, aber eine rechte Vertheilung desselben verhindert, entsteht eine große Ungleichheit des Besitzes, und alle sociale und politische Macht sammelt sich in den Händen einer herrschenden Minderheit. Die Gesellschaft solcher Staaten, in sich selbst gespalten, fördert durch ihre eigene Entartung die Fortschritte fremder Eroberer und damit die Vernichtung des Staates selbst.[3]) Man vergleiche mit diesem Gedankengang den für tiefer Blickende höchst bedeutungsvollen Satz des Thukydides: $\Delta\iota\grave{\alpha}$ $\gamma\grave{\alpha}\varrho$ $\mathring{\alpha}\varrho\varepsilon\tau\grave{\eta}\nu$ $\gamma\tilde{\eta}\varsigma$ $\alpha\mathring{\iota}$ $\tau\varepsilon$ $\delta\upsilon\nu\acute{\alpha}\mu\varepsilon\iota\varsigma$ $\tau\iota\sigma\grave{\iota}$ $\mu\varepsilon\acute{\iota}\zeta\text{ους}$ $\mathring{\varepsilon}\gamma\gamma\iota\gamma\nu\acute{o}\mu\varepsilon\nu\alpha\iota$ $\sigma\tau\acute{\alpha}\sigma\varepsilon\iota\varsigma$ $\mathring{\varepsilon}\nu\varepsilon\pi\text{οίουν},$ $\mathring{\varepsilon}\xi$ $\mathring{\omega}\nu$ $\mathring{\varepsilon}\varphi\vartheta\varepsilon\acute{\iota}\varrho\text{οντο}$

---

1) Lib. I, c. 2.   2) Lib. VIII, c. 1.   3) l. c. §5.

καὶ ἅμα ὑπὸ ἀλλοφύλων μᾶλλον ἐπεβουλεύοντο.¹) — Wir finden hier fast dieselben Momente der Beweisführung: Güte des Landes, daraus resultirende größere Machtstellung Einzelner, als deren Folge innerer Zwist, Schwächung des Staates, Erleichterung fremder Einmischung. Allerdings geht Thukydides von der physischen Beschaffenheit des Landes sofort zur Ungleichheit der Machtvertheilung im Staate über und überspringt die wirthschaftlichen Mittelglieder; allein ein Mann von so eminenter volkswirthschaftlicher Einsicht und solcher Vorliebe für nationalökonomische Gesichtspunkte ²) wird kaum minder klare Vorstellungen als der Engländer über die volkswirthschaftlichen Faktoren jenes Processes gehabt haben, der in der Landesnatur seinen Ursprung, in der ungleichen Machtvertheilung seinen Endpunkt hatte. Nur überläßt es die Stelle — ein Muster thukydideischer Kürze — dem Leser, die fehlenden Mittelglieder der Beweisführung sich selbst zu ergänzen. — Freilich dürfte die Sicherheit, mit der hier Natur und Geschichte in Verbindung gebracht werden, insbesondere der Satz, wonach es scheint, als wäre Attika eben nur wegen seines kärglicher begabten Bodens am längsten von politischer

---

1) cf. Buckle l. c. — those great physical laws — in the most flourishing countries out of Europe encouraged the accumulation of wealth, but prevented its dispersion, and thus secured to the upper classes a monopoly of one of the most important elements of social and political power. — In such countries society being divided against itself was unable to stand. And there can be no doubt, that long before the crisis of there actual destruction, these onesided and irregular civilizations, had begun to decay; so that their own degeneracy aided the progress of foreign invaders and secured the overthrow of those ancient kingdoms, which, under a sounder system, might have been easily saved.

2) cf. Roscher l. c. p. 7.

Zerrissenheit verschont geblieben¹), ernstliche Bedenken erwecken. Auffallend bleibt es, daß in der Parallele zwischen Athen und Sparta, welche den Hintergrund der ersten fünf Bücher bildet, das geographische Moment so sehr hinter den politischen, ökonomischen und psychologischen Gesichtspunkten zurücktritt, obgleich es doch für die Frage nach der größern oder geringern Befähigung zur Behauptung der Hegemonie in Hellas von erheblicher Bedeutung war.²) — Dagegen hat Xenophon in der finanzpolitischen Schrift von den Staatseinkünften der Athener äußerst feinsinnige Bemerkungen über die geographischen Grundlagen der materiellen Blüthe Athens gegeben. Er begnügt sich nicht mit dem Hinweis auf die Natur des attischen Himmels und die Produkte des Thier-, Pflanzen- und Mineralreiches, welche Land und See hier wetteifernd spenden, sondern erhebt sich von der isolirten Betrachtung des Landes für sich zu einem Ausblick auf die Weltstellung Attikas sowohl in Beziehung auf das Erdganze, wie im Verhältniß zu andern Erdenräumen. Er glaubt eine centrale Stellung Athens annehmen zu dürfen nicht bloß innerhalb der Hellenenlande, sondern der bekannten Welt überhaupt. Die Bedeutung dieser Lage wird nach verschiedenen Seiten hin charakterisirt. Einerseits nämlich liegt Athen im Mittelpunkt des maritimen Verkehrs zwischen den äußersten Enden von Hellas, andererseits nimmt es auch hinsichtlich des Klimas eine Mittelstellung ein, indem mit der Entfernung von Attika hier die Kälte, dort die Wärme zunehme. Daran knüpft sich

---

1) Τὴν γοῦν Ἀττικήν, ἐκ τοῦ ἐπὶ πλεῖστον διὰ τὸ λεπτόγεων ἀστασίαστον οὖσαν, ἄνθρωποι ᾤκουν οἱ αὐτοὶ ἀεί.
2) Zu nennen wäre nur etwa I, 80, 120. II, 38.

eine Beobachtung über die halbinsulare Lage Attikas, vermöge deren es mit allen Winden einführen könne, was es brauche, ausführen, was es wolle, während es sich doch andererseits zugleich auch eines genügenden Zusammenhanges mit dem Festland erfreue. Mit einem Hinweis endlich auf den bedeutsamen Umstand, daß Attika rings civilisirte Völker und nicht Barbaren zu Nachbarn habe, endigt die seine, ganz im Geiste der modernen vergleichenden Methode durchgeführte Erörterung.[1]) Später, als Theben zu einer vorortlichen Machtstellung emporstieg, hat die Geschichtschreibung ebenfalls nicht unterlassen, die geographischen Voraussetzungen derselben klar zu legen. Leider ist uns das große Werk des Ephoros, welches zum ersten Male die Geschichte der gesammten bekannten Welt behandelte und nicht nur die ethnographischen Verhältnisse, sondern auch den Gang der Geschichte in ihrer Abhängigkeit von der Landesnatur darstellte, nur noch in Bruchstücken erhalten. Um so dankenswerther ist es, daß uns Strabo wenigstens die interessanten Bemerkungen des Ephoros über die natürliche Befähigung Böotiens zu einer hegemonischen Machtstellung aufbewahrt hat.[2])

Nach Ephoros ist es neben der Güte des Bodens und dem Besitz mehrerer Häsen die einzigartige Lage an drei

---

1) Περὶ προσόδων c. 1. Vgl. analoge Bemerkungen der pseudoxenophontischen Schrift über den Staat der Athener c. 2, § 4. Vgl. auch ib. § 14: Ueber den friedlichen Sinn der ackerbauenden und besitzenden Klassen der attischen Bevölkerung in Folge des Zusammenhangs Attikas mit dem Continent.

2) L. IX, c. 2, § 2. Vgl. übrigens schon Isokrates: Paneg. 108. Nach Aristoteles (Politik II, 10) ist Kreta nach derselben Richtung begünstigt (δοκεῖ ἡ νῆσος πρὸς τὴν ἀρχὴν τὴν Ἑλληνικὴν πεφυκέναι καὶ κεῖσθαι καλῶς κτλ.). ed. Susemihl p. 130.

Meeren, worin ein wesentlicher Vorzug Böotiens besteht. Ueber den krisäischen und korinthischen Meerbusen bezieht es die Erzeugnisse Italiens, Siciliens und Libyens, und durch die günstige Gestaltung der Küste bei Tanagra und Aulis auf der einen Seite des Euripus, bei Salganeus und Anthedon auf der andern erfreut es sich der Seeverbindung hier mit Aegypten, Cypern und der griechischen Inselwelt, dort mit Makedonien, Propontis und dem Hellespont; woran sich die feine Bemerkung schließt, daß durch den Euripus die Insel Euböa gewissermaßen ein Bestandtheil Böotiens wird. — Diesen der materiellen und geistigen Entwicklung so günstigen Naturverhältnissen stellt nun Ephoros die Unkultur der Bevölkerung gegenüber. Er weist darauf hin, daß die Böotier, obwohl durch die Lage ihres Landes so sehr auf die Verbindung mit aller Welt hingewiesen, allem anregenden Verkehr nach außen abgeneigt seien und ohne Sinn für Geistesbildung allein die Entwicklung der kriegerischen Tugenden im Auge hätten.[1] Auffallend ist dabei nur, daß so gar kein Versuch gemacht wird, diesen Contrast zwischen der Begabung des Landes und dem verschlossenen, unbildsamen Charakter des Volkes einigermaßen zu erklären, daß z. B. jeder Hinweis auf die dichte, schwere Luft der sumpfigen Seeebene Böotiens fehlt, mit welcher doch sonst die Alten so gerne den geistigen Stumpfsinn der Bewohner in Verbindung brachten.[2] Doch ist es

---

[1] Bei Strabo l. c. — τὸ λόγων καὶ ὁμιλίας τῆς πρὸς ἀνθρώπους ὀλιγωρῆσαι, μόνης δ' ἐπιμεληθῆναι τῆς κατὰ πόλεμον ἀρετῆς.

[2] cf. Horaz: Epistolae II, 1, v. 241.
Quodsi
Iudicium subtile videndis artibus illud
Ad libros et ad haec Musarum dona vocares
Boeotum in crasso jurares aere natum.

bei der Unvollständigkeit, mit der Strabo nicht selten die Erörterungen seiner Vorgänger wiedergiebt, immerhin möglich, daß Ephoros auch dieses physische Moment herangezogen oder sonst eine Erklärung gegeben hat.[1]) Schon darum ist es nicht sehr wahrscheinlich, daß die Darstellung des Ephoros eine derartige Lücke enthielt, weil alles, was wir von ihm wissen, den Eindruck macht, daß er in den für uns in Betracht kommenden Fragen sich keineswegs mit dem an der Oberfläche Liegenden begnügte. Ich erinnere nur an die schon von Matthiessen hervorgehobene Thatsache[2]), daß sich seine Forschung mit besonderer Vorliebe jenen Ländern zuwandte, welche verwickeltere Verhältnisse zeigen, nämlich den Küstengegenden, wo ja in Folge der vielfachen Anregungen von Außen Volkssitte und Verkehrsleben mannigfacher und reicher entwickelt zu sein pflegt. Was aber vor Allem für die Vielseitigkeit seiner Auffassung zeugt, ist der, offenbar mit jener Neigung zusammenhängende Umstand, daß wir bei ihm zuerst einem Moment begegnen, welches uns bisher noch nicht entgegengetreten, nämlich der Einsicht in die Bedeutung der wagerechten Gliederung der Ländermassen. Für uns wenigstens ist er der Erste, welcher den hochbedeutsamen Bau

---

cf. Cicero de Fato 4: Athenis tenue caelum ex quo acutiores etiam putantur Attici; crassum Thebis, itaque pingues Thebani. cf. De natura deorum II, 6 und 16.

1) Allerdings enthält auch die dem Skymnos von Chios zugeschriebene περιήγησις, welche dieselbe Charakteristik Böotiens ohne Zweifel nach Ephoros giebt, nichts dergleichen; allein das erklärt sich aus dem Charakter des Poems zur Genüge. Müller: Geographi graeci minores 1, 216. v. 488 flgb. — Βοιωτία, χώρα μεγίστη καιρία τε τῇ θέσει κτλ.

2) Ein Beitrag zur Würdigung des Ephoros in den Jahrbüchern für klassische Philologie v. Fleckeisen. 3. Supplem. 888.

von Hellas mit seiner einzigartigen Durchdringung von Land und Meer zu würdigen verstand.¹)

Die dürftige Kenntniß, die wir von dem Werke des Ephoros haben, gestattet uns leider kein Urtheil darüber, in wie weit die hohe geographische Einsicht dieser ersten Universalgeschichte auf die Anregungen durch die früheren Leistungen zurückzuführen, oder als des Historikers eigenste That zu betrachten ist. Jedoch muß hervorgehoben werden, daß sich der Historiker der Forderung, die geschichtliche Entwicklung der Völker auch nach ihren **physischen** Voraussetzungen zu begreifen, gar nicht mehr entziehen konnte in einer Zeit, in welcher auch die Philosophie mit aller Entschiedenheit eine genaue Landes- und Volkskunde als eine der Hauptgrundlagen politischer Erkenntniß und Praxis anerkannt hatte.²) — Es ist die platonische Staatslehre in der realistischeren Form der „Gesetze" und in völliger Uebereinstimmung mit ihr die aristotelische Politik, welche in dieser Hinsicht an den Politiker Forderungen stellen, die bedeutungsvoll auf die erst der Neu-

---

1) l. c. 887. cf. Strabo VIII, 1. — τῇ παραλίᾳ χρώμενος μέτρῳ ἡγεμονικόν τι τὴν θάλατταν κρίνων πρὸς τὰς τοπογραφίας.

2) Plato De leg. V, 16: καὶ γὰρ μηδὲ τοῦθ' ἡμᾶς λανθανέτω περὶ τόπων, ὡς οὐκ εἰσὶν ἄλλοι τινὲς διαφέροντες ἄλλων τόπων πρὸς τὸ γεννᾶν ἀνθρώπους ἀμείνους καὶ χείρους· οἷς οὐκ ἐναντία νομοθετέον. — cf. I. 16: τοῦτο μὲν ἄρ' ἂν τῶν χρησιμωτάτων ἓν εἴη, τὸ γνῶναι τὰς φύσεις τε καὶ ἕξεις τῶν ψυχῶν, τῇ τέχνῃ ἐκείνῃ, ἧς ἐστὶ ταῦτα θεραπεύειν sc. τῇ πολιτικῇ. — cf. IV, c. 2 und V, c. 14. — Aristoteles πολιτικῶν VII, 4 (Susemihl p. 258) ἔστι δὲ πολιτικῆς χορηγίας πρῶτον τό τε πλῆθος τῶν ἀνθρώπων, πόσους τε καὶ ποίους τινὰς ὑπάρχειν δεῖ φύσει, καὶ κατὰ τὴν χώραν ὡσαύτως, ὅσην τε εἶναι καὶ ποίαν τινὰ ταύτην. — cf. II, 6, p. 87: λέγεται δ' ὡς δεῖ τὸν νομοθέτην πρὸς δύο βλέποντα τιθέναι τοὺς νόμους, πρός τε τὴν χώραν καὶ τοὺς ἀνθρώπους.

zeit wieder zu rechtem Bewußtsein gekommene Lehre hinweisen, daß die Wissenschaft der Politik auf die „Naturgeschichte des Volkes im Zusammenhang mit dem Lande" zu begründen sei.

Was insbesondere unsere Fragen betrifft, so ist es von Interesse zu beobachten, wie Plato nicht nur im Allgemeinen einen Zusammenhang zwischen der Landesnatur und der größeren oder geringeren sittlichen Tüchtigkeit der Bevölkerung anerkennt [1]), sondern auch die einzelnen physikalischen Verhältnisse hervorhebt, die nach ihm nicht bloß auf den Körper, sondern auch auf das Seelenleben einen guten oder schlimmen Einfluß auszuüben vermögen: das System der Luftströmungen, die Temperatur der Atmosphäre, die Beschaffenheit des Wassers und der Nahrung.[2]) Wenn man sich erinnert, wie es gerade diese Momente sind, welche die hippokratische Betrachtungsweise zur Erklärung der physischen und geistigen Eigenthümlichkeiten der Völker herangezogen hatte, so möchte man wohl versucht sein, in dieser platonischen Stelle eine Hindeutung auf die besprochene Schrift des Naturforschers zu erblicken. Freilich sind es keineswegs dieselben Resultate, zu welchen im einzelnen Falle die von analogen Gesichtspunkten ausgehende Auffassung des Philosophen gelangt ist. Wenn er z. B. in dem Atlantismythos des Timäus Athene bei der Begründung des Idealstaates zuerst die Frage ins

---

1) cf. l. c. V, 16.
2) l. c. — εἰσὶν ἄλλοι τινὲς διαφέροντες ἄλλων τόπων πρὸς τὸ γεννᾶν ἀνθρώπους ἀμείνους καὶ χείρους· — οἱ μέν γε πού διὰ πνεύματα παντοῖα καὶ δι' εἰλήσεις ἀλλόκοτοί τ' εἰσὶ καὶ ἐναίσιοι αὐτῶν, οἱ δὲ δι' ὕδατα, οἱ δὲ καὶ ταύτην τὴν ἐκ τῆς γῆς τροφὴν ἀναδιδόντες (wie wohl zu lesen ist) οὐ μόνον τοῖς σώμασιν ἀμείνω καὶ χείρω, ταῖς δὲ ψυχαῖς οὐχ ἧττον δυναμένην πάντα τὰ τοιαῦτα ἐμποιεῖν.

Auge fassen läßt, welche Oertlichkeit wohl am meisten die physischen Voraussetzungen für die Erzeugung einer geistig geweckten und militärisch tüchtigen Bevölkerung gewähre, so ist das ganz hippokratisch gedacht; allein es ist eine der hippokratischen Lehre von den klimatischen Einflüssen widersprechende Lösung, wenn um deswillen Attika als Sitz des vollendeten Staates erwählt wird, weil die dort herrschende glückliche Mischung der Jahreszeiten am besten geeignet sei, verständige Männer zu erzeugen.[1]

Welchen Spielraum übrigens Plato bei der Beurtheilung concreter ethnographischer Verhältnisse der historischen Erklärungsweise gegenüber der physikalischen eingeräumt hätte, ist aus den eben genannten Aeußerungen nicht zu ersehen. Doch enthält gerade der Timäus Elemente einer über das Mechanische sich erhebenden Auffassung dieser Dinge, indem er zwar einerseits die starke Abhängigkeit des Seelenlebens von physischen Bedingungen zu erweisen sucht[2]), aber andererseits eben so entschieden die hohe Bedeutung betont, welche Einflüssen, wie denen der Erziehung und Gewöhnung, der geistigen Kultur und des öffentlichen Lebens, beizumessen ist. Vor Allem ist es die bereits von Hippokrates gewürdigte erziehende Macht des Staates, welche in der philosophischen Staatslehre dieser Zeit in den Vordergrund tritt, sei es, daß

---

1) Timäus c. 3. — ἐκλεξαμένη τὸν τόπον ἐν ᾧ γεγένησθε, τὴν εὐκρασίαν τῶν ὡρῶν ἐν αὐτῷ κατιδοῦσα, ὅτι φρονιμωτάτους ἄνδρας οἴσει. ἅτ᾽ οὖν φιλοπόλεμός τε καὶ φιλόσοφος ἡ θεὸς οὖσα τὸν προσφερεστάτους αὐτῇ μέλλοντα οἴσειν τόπον ἄνδρας τοῦτον ἐκλεξαμένη τὸ πρῶτον κατῴκισεν. Vgl. die analoge Stelle im Kritias (p. 109 c.) Ἥφαιστος — καὶ Ἀθηνᾶ — τήνδε τὴν χώραν εἰλήχατον ὡς οἰκείαν καὶ πρόσφορον ἀρετῇ καὶ φρονήσει πεφυκυῖαν.

2) c. 41.

im Sinne Plato's diese Erziehung in der Einwirkung auf die Intelligenz des Volkes von Seiten der Träger der Staatsgewalt, oder im aristotelischen Sinne in der Einwirkung des Gesetzes auf den Willen durch Gewöhnung des Bürgers zum Guten gesucht wird.

Allerdings schließt diese Gemeinsamkeit einer gewissen ideelleren Tendenz nicht aus, daß bei der Behandlung einzelner Fälle in Beziehung auf die Frage nach dem Verhältniß zwischen Freiheit und Nothwendigkeit Lehrer und Schüler weit auseinandergehen; wie wir das wenigstens bei einer Gelegenheit beobachten können, wo sich die platonischen „Gesetze" und die aristotelische Politik ausführlicher über denselben Punkt äußern.

Beide erörtern den Einfluß einer maritimen Lage auf das Volksleben. Plato stellt dabei einen Satz voran, nach welchem es nahezu als eine Unmöglichkeit erscheint, daß ein Seestaat, der, durch die unmittelbare Lage am Meer, den Besitz guter Häfen und — wegen ungenügender Eigenproduktion — durch die Nothwendigkeit eines bedeutenden Imports von Natur auf einen lebhaften Verkehr hingewiesen ist, nicht eine Bevölkerung von eben so buntscheckigen als nichtswürdigen Sitten haben sollte. Denn der Zustand der neuen Colonie, welche den Ausgangspunkt des Dialoges bildet, wird nur darum nicht als ein „unheilbarer" bezeichnet, weil die sittlichen Gefahren, die ihr aus dem Besitz guter Häfen erwachsen müssen, dadurch verringert werden, daß die Stadt selbst in einiger Entfernung vom Meere liegt und die Landschaft einen Boden besitzt, dessen Ertrag sie, ohne Ueberfluß zu erzeugen, vom Auslande unabhängig macht.[1] — Mit

---

[1] De leg. IV, 1: οὐ τοίνυν ἀνίατός γε ἂν εἴη πρὸς ἀρετῆς κτῆσιν.

logischer Consequenz würde sich daraus die Folgerung ergeben, daß die Bevölkerungen von Seestaaten mit entgegengesetzten Naturverhältnissen nothwendig einer unheilbaren sittlichen Verkommenheit verfallen sind. In der That streift Plato hart an die Buckle'schen „Naturgesetze", welche mit „unwiderstehlicher physischer Gewalt" ganze Bevölkerungen zu dieser oder jener Stufe sittlicher Entwicklung „verdammen", wenn er ohne das Eingreifen „eines Erlösers und gewissermaßen göttlicher Gesetzgeber" für jene Bevölkerungen keine Aussicht sieht, der sittlichen Verwilderung zu entgehen.[1]) Dem entspricht die apodiktische Weise, mit der zur Rechtfertigung dieser Ansicht wie ein Naturgesetz der Satz hingestellt wird: „Indem die See die Bürger mit Handelsgeist und krämerischer Gewinnsucht erfüllt und ihrer Seele einen trügerischen, unzuverlässigen Charakter einflößt, entfremdet sie dieselbe der Treue und dem Wohlwollen gegen einander sowie gegen andere Menschen."[2]) Auch ein nationalökonomisches Vorurtheil, welches die Steigerung des Nationalwohlstandes mit der Bereicherung der Einzelnen identificirt und die Gefahren, welche letztere in sich schließt, von jener befürchtet, trägt dazu bei, die Einseitigkeit dieser Beweisführung zu bestärken. Wenn ein Land durch

---

1) ib.: εἰ μὲν γὰρ ἐπιθαλαττία τε ἔμελλεν εἶναι καὶ εὐλίμενος καὶ μὴ πάμφορος ἀλλ' ἐπιδεὴς πολλῶν, μεγάλου τινὸς ἔδει σωτῆρός τε αὐτῇ καὶ νομοθετῶν θείων τινῶν, εἰ μὴ πολλά τε ἔμελλεν ἤθη καὶ ποικίλα καὶ φαῦλα ἕξειν τοιαύτῃ φύσει γενομένη.

2) ib.: πρόσοικος γὰρ θάλαττα .... ἐμπορίας καὶ χρηματισμοῦ διὰ καπηλείας ἐμπιπλᾶσα αὐτήν, ἤθη παλίμβολα καὶ ἄπιστα ταῖς ψυχαῖς ἐντίκτουσα αὐτήν τε πρὸς αὑτὴν τὴν πόλιν ἄπιστον καὶ ἄφιλον ποιεῖ καὶ πρὸς τοὺς ἄλλους ἀνθρώπους ὡσαύτως. Vgl. über analoge Aeußerungen der Alten Stallbaum's Commentar zu der ganzen Stelle S. 380.

die Art und den Umfang seiner Produktion nicht nur möglichst der Einfuhr überhoben, sondern auch zu bedeutender Ausfuhr befähigt ist und daher in Folge der außerordentlich günstigen Handelsbilanz einen reichlichen Zufluß von Gold- und Silbergeld erleidet, so liegt darin nach Plato die denkbar höchste Gefahr für den Bestand edler und rechtlicher Gesinnung im Volke.[1]) Daß jene Bereicherung von ganz verschiedener sittlicher Bedeutung und Wirkung sein kann, je nachdem sie das Endergebniß stetiger nationaler Arbeit ist oder als unverdiente Frucht singulärer geschichtlicher Conjunkturen dem Volke mühelos in den Schooß fällt, wird völlig ignorirt.

Die aristotelische Besprechung derselben Frage zeigt gegenüber dieser Behandlungsweise einen bemerkenswerthen Unterschied. Statt sofort in platonischer Weise mit einem positiven Urtheil Stellung zu nehmen, macht Aristoteles von Anfang an darauf aufmerksam, daß die Frage nach der Bedeutung einer maritimen Lage für Staat und Volk eine vielbestrittene sei.[2]) Darauf werden einzelne Argumente für die platonische Ansicht aufgeführt. Man sage, daß die dauernde Anwesenheit von Fremden, die unter andern Gesetzen erzogen, sowie die durch den Seehandel bewirkte Steigerung der Bevölkerung und der den maritimen Verkehr vermittelnde Handelsstand einer guten bürgerlichen Ordnung entgegen seien. Aristoteles giebt jedoch nur die **Möglichkeit** einer schädlichen Einwirkung dieser Momente zu und geht nicht so weit, einen mit dem Anspruch auf eine gewisse nothwendige und allgemeine Geltung auftretenden Satz zu formuliren. Seine Erörterung der strategischen und volkswirthschaftlichen Vortheile einer maritimen

---

1) ib.
2) Politik VII, c. 5 (ed. Susemihl p. 264).

Lage geht ausdrücklich von der Voraussetzung aus, daß die befürchteten Uebelstände nicht einzutreten brauchen, wobei es für seinen Standpunkt bezeichnend ist, daß er für die Bekämpfung etwaiger schlimmer Einflüsse des Seeverkehrs unter Umständen sich bedeutende Erfolge von einer Wirthschaftspolitik verspricht, die durch ein weit gehendes System der Bevormundung dem Verkehre die lästigsten Fesseln auferlegen würde.

Was die Frage nach dem Zusammenhang der staatlichen und gesellschaftlichen Organisationen mit den örtlichen Naturverhältnissen betrifft, so begegnen wir sowohl bei Plato, wie bei Aristoteles einzelnen feinen Bemerkungen, z. B. bei ersterem über die Verschiedenheit thessalischer und kretischer Wehrverfassung in Folge der verschiedenen Landesnatur [1]), bei letzterem über den Zusammenhang oligarchischer und demokratischer Verfassung mit gewissen Einwirkungen der Landesnatur auf die Art der Bewaffnung und des Kriegsdienstes [2]), sowie mit der ja so wesentlich geographisch bedingten Vorherrschaft sei es des Ackerbaues und der Viehzucht oder der Industrie.[3])

Die von Plato [4]) und ähnlich wieder von Aristoteles [5])

---

1) De leg. I. c. 2.
2) Politik. IV. c. 3 (ed. Susemihl p. 381).
3) ib. VI. c. 4 (ed. Susemihl p. 466). Vgl. ebend. V. c. 3 (p. 381) die Bemerkung über den demokratischen Sinn der Bewohner des Piräus im Vergleich zu den Bewohnern der Stadt Athen. cf. VI. c. 7 (p. 481): ὅπου μὲν συμβέβηκε τὴν χώραν ἱππάσιμον εἶναι, ἐνταῦθα μὲν εὐφυῶς ἔχει κατασκευάζειν τὴν ὀλιγαρχίαν ἰσχυράν (ἡ γὰρ σωτηρία τοῖς οἰκοῦσι διὰ ταύτης ἐστὶ τῆς δυνάμεως, αἱ δὲ ἱπποτροφίαι τῶν μακρὰς οὐσίας κεκτημένων εἰσίν), ὅπου δ᾽ ὁπλιτικήν, τὴν ἐχομένην ὀλιγαρχίαν (τὸ γὰρ ὁπλιτικὸν τῶν εὐπόρων ἐστὶ μᾶλλον ἢ τῶν ἀπόρων), ἡ δὲ ψιλὴ δύναμις καὶ ναυτικὴ δημοτικὴ πάμπαν.
4) Staat. IV, 11. p. 436.
5) Politik. VII, 7. p. 269.

hervorgehobenen Charakterunterschiede zwischen den Helenen, den Völkern des übrigen Europa und den Asiaten werden zwar von letzterem zur Erklärung der auch im staatlichen Leben bemerkbaren Gegensätze herangezogen; allein in wie weit jene psychologischen und damit auch die politischen Unterschiede als ein Produkt klimatischer und anderer physikalischer Einflüsse zu denken seien, kommt an der fraglichen Stelle wenigstens nicht zu entschiedenem und klarem Ausdruck. Allerdings werden im Allgemeinen „die Völker der kalten Länder" als diejenigen bezeichnet, die muthvoll, aber geistig und technisch minder begabt und daher zwar meist unabhängig, aber politisch unbrauchbar seien. Allein wenn Aristoteles gleichzeitig den Völkern des nichthellenischen Europa überhaupt denselben Charakter beilegt[1]), so bekommt man doch wieder den Eindruck, als hätte er eben nur die damalige Beschaffenheit der Bevölkerungen des „kalten" Nordens der bekannten Welt constatiren und nicht etwa das „Gesetz" aufstellen wollen, daß die intellektuelle, künstlerische und politische Befähigung sich mit der Entfernung vom Aequator vermindere, der kriegerische Sinn aber vermehre; obgleich er freilich an anderer Stelle letztere Anschauung, wie wir sehen werden, deutlich genug kundgegeben hat. — Wenn es ferner von den Orientalen heißt, daß sie zwar Intelligenz und technisches Geschick, aber einen feigen Charakter besäßen und daher aus Despotismus

---

1) τὰ μὲν γὰρ ἐν τοῖς ψυχροῖς τόποις ἔθνη καὶ τὰ περὶ τὴν Εὐρώπην θυμοῦ μέν ἐστι πλήρη, διανοίας δὲ ἐνδεέστερα καὶ τέχνης, διόπερ ἐλεύθερα μὲν διατελεῖ μᾶλλον, ἀπολίτευτα δὲ καὶ τῶν πλησίον ἄρχειν οὐ δυνάμενα. Daß hier von Europa überhaupt und nicht bloß von dessen nördlichen Theilen die Rede ist, wie Stahr, Hildenbrand, Rocholl u. A. wollen, ist mir aus sprachlichen und logischen Gründen unzweifelhaft.

und Sclaverei nicht herauskämen[1]), so könnte man zunächst wohl vermuthen, daß dieß mit der von Aristoteles so wenig überwundenen Volksansicht zusammenhängt, wonach die Barbaren überhaupt gegenüber den Hellenen in ihrem Wesen etwas Sclavisches hätten und daher gewissermaßen zur Knechtschaft geboren seien[2]); und einzig der Umstand, daß nicht bloß in dieser Hinsicht wieder ein gewisser Unterschied zwischen der asiatischen und europäischen Barbarenwelt anerkannt, sondern auch im Allgemeinen der Asiate dem Europäer als anders geartet gegenübergestellt wird, deutet darauf hin, daß es sich hier nicht um Gegensätze handelt, wie es der ist, welcher „von Natur", d. h. durch eine ursprüngliche Anlage des Volksgeistes, Hellenen und Barbaren scheidet, sondern um eine Differenzirung in Folge geographischer Einwirkungen.

Wenn ferner Aristoteles mit einem Blick auf die geographische Lage von Hellas fortfährt, daß die Hellenen, wie sie ihrem Wohnsitz nach eine Mittelstellung einnähmen[3]), so auch in ihrem Nationalcharakter die Vorzüge der nichthellenischen Völker Europas und Asiens, Thatkraft und Intelligenz, vereinigten und daher frei, im Besitz der besten Verfassungen und, wenn einig, zur Herrschaft über alle Andern befähigt seien, so läßt sich auch daraus nicht erkennen, in wie weit

---

1) ib.: τὰ δὲ περὶ τὴν Ἀσίαν διανοητικὰ μὲν καὶ τεχνικὰ τὴν ψυχήν, ἄθυμα δέ, διόπερ ἀρχόμενα καὶ δουλεύοντα διατελεῖ.

2) III, 14 (p. 215): διὰ γὰρ τὸ δουλικώτεροι τὰ ἤθη εἶναι φύσει οἱ μὲν βάρβαροι τῶν Ἑλλήνων οἱ δὲ περὶ τὴν Ἀσίαν τῶν περὶ τὴν Εὐρώπην, ὑπομένουσι τὴν δεσποτικὴν ἀρχὴν οὐδὲν δυσχεραίνοντες.

3) l. c. p. 269: τὸ δὲ τῶν Ἑλλήνων γένος, ὥσπερ μεσεύει κατὰ τοὺς τόπους, οὕτως ἀμφοῖν μετέχει, καὶ γὰρ εὔθυμον καὶ διανοητικόν ἐστι, διόπερ ἐλεύθερόν τε διατελεῖ καὶ μάλιστα πολιτευόμενον καὶ δυνάμενον ἄρχειν πάντων, μιᾶς τυγχάνον πολιτείας.

hier die geographischen Verhältnisse als mitwirkend gedacht werden. Jede Andeutung vollends fehlt, wenn Aristoteles zum Schlusse bemerkt, daß die hellenischen Stämme wieder unter sich in Beziehung auf Willenskraft und Intelligenz, sei es durch einseitige Ausbildung nach dieser oder jener Seite hin, sei es durch harmonische Vereinigung beider, analoge Unterschiede zeigen, wie Hellenen und Barbaren, Asiaten und Europäer. Darüber freilich kann kein Zweifel sein, daß sich Aristoteles des Zusammenhanges zwischen der Vielartigkeit hellenischen Wesens und der Natur des griechischen Landes wohl bewußt war, eines Landes, wo dieser Zusammenhang so scharf und deutlich ins Auge fällt, wie es bei wenig Erdenräumen sonst der Fall ist.¹)

Zeigt ja doch Aristoteles selbst in einem andern Werke das entschiedenste Bestreben, eine sehr weitgehende Abhängigkeit des Volkscharakters von geographischen Verhältnissen zu erweisen. Während die Politik nicht über Andeutungen hinausgeht, läßt der vierzehnte Abschnitt der „Probleme", welcher sich mit den Einwirkungen der Landesnatur auf Physik und Ethik des Menschen beschäftigt, deutlich einen Standpunkt erkennen, welcher auf das Lebhafteste an die physiologische Betrachtungsweise der neueren französisch-englischen Geschichtsphilosophie erinnert. Hier werden Erörterungen über den Zusammenhang zwischen dem klimatischen und psychologischen

---

2) cf. Bursian: Ueber die Gliederung des griech. Landes und den Einfluß derselben auf den Charakter und die Kulturentwicklung der verschiedenen griechischen Volksstämme. Neues schweizer Museum IV. S. 260. Vgl. denselben „über den Einfluß der Natur des griech. Landes auf den Charakter seiner Bewohner". Jahresberichte der geographischen Gesellschaft in München. 1876. S. 64.

Faktor der Geschichte gegeben, deren Tendenz keineswegs dahin geht, zu erweisen, wie der Volksgeist sich selbst je nach der Anregung, die ihm die Natur gewährt, so oder anders gestalten konnte. Derselbe erscheint vielmehr unmittelbar als ein Erzeugniß der Natur und gewisse durch das Klima bedingte physiologische Momente sind es, aus welchen sich dieses oder jenes Gepräge des Volksgeistes mit der Nothwendigkeit und Allgemeinheit eines Naturgesetzes ergiebt.

Warum, fragt Aristoteles, stehen die Bevölkerungen der kältesten und der heißesten Erdstriche äußerlich und innerlich dem Thiere am nächsten?[1] Warum überragt der Bewohner wärmerer Klimate den unter einem kälteren Himmel Gebornen ebensosehr an Intelligenz, wie er andererseits an persönlichem Muthe hinter ihm zurücksteht?[2] Man könnte vielleicht auch hier glauben, daß Aristoteles nur auf den thatsächlichen Zustand des ihm bekannten Völkerkreises der damaligen Welt hinweisen wollte und keine Generalisirung beabsichtigte. Die Art und Weise aber, wie er die gestellten Fragen beantwortet, läßt über seine Auffassung im Allgemeinen keinen Zweifel.

Da nach ihm der Grad der moralischen Energie nothwendig von der größern oder geringern animalischen Wärme abhängt und letztere unter wärmeren Breiten geringer ist, als in kälteren Klimaten[3], so ergiebt sich in der That das allgemeine Gesetz, daß überall mit der Abnahme der Polhöhe das Maß männlicher Gesinnung zunimmt, schwächliche Feigheit der Fluch einer tropischen Natur ist, was freilich mit der ersten These von der Brutalität der Bevölkerungen heißer Klimate wenig übereinstimmt. Letztere wird aus dem Ge-

---
[1] Opera omnia ed. Didot. IV. p. 190. Problematum XIV, 1.
[2] ib. S, 15, 16.   [3] ib. S, 16.

sichtspunkt erklärt, daß ein harmonisches Klima auch die Intelligenz fördere, während das Uebermaß sei es der Hitze oder der Kälte eben so zerstörend auf die geistige wie auf die körperliche Entwicklung des Individuums einwirken müsse.¹)

Auf Grund derartiger allgemeiner Erwägungen, die an sich ja viel Richtiges enthalten, wird die Kulturstellung der Bevölkerungen ganzer Zonen als eine naturnothwendig gegebene fixirt. Dabei wird nicht einmal die Frage aufgeworfen, ob denn die ethnographischen Verhältnisse, die erklärt werden sollen, in der That der Wirklichkeit entsprechen. Dieselben werden vielmehr von vorneherein ohne jede Prüfung als Thatsachen vorausgesetzt, wobei natürlich auch der weitere Gedanke völlig zurücktritt, daß selbst eine große Anzahl als richtig erwiesener ethnographischer Thatsachen möglicherweise nicht zu einer Verallgemeinerung genügen dürfte, und jede Ausdehnung des Beobachtungsgebietes die aus den momentan der Forschung zugänglichen Erscheinungen gezogenen Schlüsse völlig paralysiren kann.

Daher zeigt sich auch die Schwäche dieser Deduktionen in grellstem Lichte, wenn man deren Resultate mit den Er-

---

1) ib. 1: Διὰ τί θηριώδεις τὰ ἔθη καὶ τὰς ὄψεις οἱ ἐν ταῖς ὑπερβολαῖς ὄντες ἢ ψύχους, ἢ καύματος; ἢ διὰ τὸ αὐτό; ἡ γὰρ ἀρίστη κρᾶσις καὶ τῇ διανοίᾳ συμφέρει, αἱ δ' ὑπερβολαὶ ἐξιστᾶσι, καὶ ὥσπερ τὸ σῶμα διαστρέφουσιν οὕτως καὶ τὴν τῆς διανοίας κρᾶσιν. Vgl. übrigens auch De partibus animalium l. II. c. 2 über die Abhängigkeit der Intelligenz von der Temperatur und dem Dichtigkeitsgrade des Blutes. ἔστι δ' ἰσχύος μὲν ποιητικώτερον τὸ παχύτερον αἷμα καὶ θερμότερον, αἰσθητικώτερον δὲ καὶ νοερώτερον τὸ λεπτότερον καὶ ψυχρότερον. κτλ. Galen bemerkt dazu mit Recht: σύνδηλον οὖν ἐστιν, ὡς ὁ Ἀριστοτέλης — τὰς τῆς ψυχῆς δυνάμεις τῇ φύσει τοῦ αἵματος ἀπεφήνατο ἕπεσθαι. (Opera Bas. ed. 1538. I. 348, Z. 39. Ὅτι τὰ τῆς ψυχῆς ἤθη ταῖς τοῦ σώματος κράσεσι ἕπεται.)

gebnissen unserer erweiterten Völkerkenntniß vergleicht. Welch ein Gegensatz zwischen der schroffen aristotelischen Lehre von der Verthierung des Menschen unter höheren oder niedrigeren Breiten und Gerhard Rohlfs' Schilderungen der Negerbevölkerung des tropischen Sudan, welche in der Hervorbringung aller Kunstprodukte selbst Völkern, die zum Theil unter dem glücklichsten Himmel wohnen, wie Berbern, Arabern und selbst Türken in jeder Beziehung weit voraus ist und eben so sehr in Gesittung und Lebensgewohnheit so manche Naturvölker gemäßigter Zonen überragt.[1]) Uebrigens hätten schon die ethnographischen Beobachtungen des Alterthums genügt, um eine besonnenere Auffassung des Zusammenhangs zwischen Klima und Volkscharakter zu begründen. Ich erinnere z. B. an eine Bemerkung Xenophon's, die zu der Beobachtung Rohlfs' eine gewisse Analogie bildet. Dasjenige Volk, welches die Hellenen unter allen, denen sie auf ihrem achtmonatlichen Marsche von Babylonien zum Pontus begegnet waren, als das auf der tiefsten Stufe der Gesittung stehende erklärten[2]), lebte nicht in dem Gluthklima der Tigrisebene, noch in den rauhen Hochgebirgen Armeniens, sondern unter dem gemäßigten Himmel der Gebirgslandschaften am schwarzen Meere. Welch ein Contrast! Hier am pontischen Nordrande Vorderasiens im Vaterland des Kirschbaums und der Kastanie, unter einem dem milden südeuropäischen Kulturklima verwandten Himmel[3]) eine äußerst rohe und, zum Theil wenigstens, wie nach dem

---

1) Rohlfs: Reise durch Nordafrika. I. Von Tripoli nach Kuka. Petermann's Mittheilungen. Ergänzungsheft 25. S. 60. 66.

2) Anabasis I. V. c. 4. § 34.

3) Vgl. über die klimatischen Verhältnisse des östlichen Theils der Nordküste Kleinasiens Neumann l. c. 53.

Zeugniß Xenophon's die Mossynöken, am allertiefsten unter dem Niveau hellenischer Civilisation stehende Bevölkerung¹), auf welche diese Kultur trotz der unmittelbaren Nachbarschaft der hellenischen Colonien noch weniger civilisirend gewirkt zu haben scheint, als es bisher die europäische Civilisation gegenüber der arabisch-berberischen Bevölkerung am Nordrande Afrikas vermocht hat; — auf der anderen Seite in der Euphrat-Tigrisebene, wo die häufigen Sandstürme der Wüste die Sommertemperatur auf mehr als 50° C. steigern und die hohe Gebirgsumwallung im Ost und Nord den Zutritt kühler Winde so völlig ausschließt, daß selbst in klaren Winternächten Abkühlung bis zum Gefrierpunkt oder vollends Schnee gänzlich unbekannt ist²), also unter extremen klimatischen Verhältnissen eine Bevölkerung, die als Trägerin einer uralten höchstentwickelten Kultur schon in vorgeschichtlicher Zeit in wichtigen Zweigen des Wissens, der Kunsttechnik und der Industrie allen Nachbarländern schöpferisch vorangegangen und auch zur materiellen Beherrschung derselben die Kraft gefunden hat.

Was soll man vollends Angesichts der ganzen neueren Kulturentwicklung dazu sagen, daß Aristoteles nicht ansteht, den Völkern des mittleren und nördlichen Europa aus dem Grunde eine geringere Intelligenz als den südlicheren Völkern zuzuschreiben, weil die durch die geringere animalische Wärme in wärmeren Klimaten erzeugte Bedächtigkeit des Geistes denselben zu Untersuchungen geneigt und darum erfinderischer mache, während jene warmblütigeren Nordländer, nicht zu

---

1) Vgl. auch Herodot IV, 46, wo ebenfalls schon die Völker am Pontus, mit Ausnahme der Skythen, als die ungebildetsten auf der ganzen Erde bezeichnet werden.

2) cf. Kiepert: Alte Geographie. S. 137.

wägen, sondern zu wagen gewohnt, zur Forschung und Untersuchung nicht geschickt seien!¹) — Allerdings läßt Aristoteles wenigstens an dieser Stelle die Ahnung durchblicken, daß der Charakter der damaligen Bevölkerungen des mehr oder minder bekannten Erdkreises vielleicht doch nicht bloß als der in alle Zukunft nothwendig und allgemein wiederkehrende Ausdruck klimatischer Faktoren zu betrachten sei. Es wird nämlich nebenbei die Frage aufgeworfen²), ob man das genannte Verhältniß zwischen nördlicheren und südlicheren Völkern nicht etwa auch so erklären könne, daß im Hinblick auf das Diluvium ein niedrigeres Alter der Bevölkerungen des Nordens anzunehmen sei, so daß diese zu den Südländern sich wie Jünglinge zu Greisen verhielten. Allein die Bedeutung dieses Einfalles wird schon dadurch abgeschwächt, daß Aristoteles dem ganzen Zusammenhange nach bei jenem Altern der Völker zugleich an eine leibliche Umbildung gedacht zu haben scheint von ähnlichem Einfluß auf das Geistes- und Seelenleben des ganzen Volkes, wie er ihn dem Altern beim Individuum zuschrieb, wobei natürlich nicht etwa die Rede davon sein kann, als hätte hier der Philosoph einen prophetischen Blick in eine

---

1) ib. n. 15: Διὰ τί οἱ ἐν τοῖς θερμοῖς τόποις σοφώτεροί εἰσιν ἢ ἐν τοῖς ψυχροῖς; πότερον διὰ τὸ αὐτό, δι' ὅπερ καὶ οἱ γέροντες τῶν νέων; οἱ μὲν γὰρ διὰ τὴν ψυχρότητα τοῦ τόπου ἐπανιούσης τῆς φύσεως αὐτῶν θερμότεροί εἰσι πολύ, ὥστε λίαν μεθύουσιν ἐοίκασι, καὶ οὐκ εἰσι ζητητικοί, ἀλλ' ἀνδρεῖοι καὶ εὐέλπιδες· οἱ δ' ἐν τοῖς ἀλεεινοῖς νήφουσι διὰ τὸ κατεψῦχθαι· πανταχοῦ δ' οἱ φοβούμενοι τῶν θαρρούντων μᾶλλον ἐπιχειροῦσι ζητεῖν, ὥστε καὶ εὑρίσκουσι μᾶλλον.

2) Ἢ διὰ τὸ πολυχρονιώτερον τὸ γένος εἶναι τοῦτο, fährt er an genannter Stelle fort, τοὺς δ' ὑπὸ τοῦ κατακλυσμοῦ ἀπολέσθαι, ὥστ' εἶναι καθάπερ νέους πρὸς γέροντας τοὺς ἐν τοῖς ψυχροῖς τόποις πρὸς τοὺς ἐν τοῖς θερμοῖς οἰκοῦντας;

Zukunft gethan, wo an Stelle der „greisen" Kulturvölker des Mittelmeeres die jugendlichen Völker des Nordens die Träger der fortschreitenden Kultur werden würden. Es scheint also selbst diese momentane Abweichung von der allgemeinen Grundanschauung nicht über die physiologische Betrachtungsweise hinausgekommen zu sein, indem hiernach die Hebung der denkenden Kraft eben auch wieder nur als der Effekt nicht eines civilisatorischen Fortschreitens, sondern eines physiologischen, dem klimatischen Faktor entgegenwirkenden Momentes zu betrachten wäre.

Wenn man sich alle diese Ideen vergegenwärtigt, wie sie allein Plato und Aristoteles in der Frage nach den Einflüssen der Natur auf Sitte und Sittlichkeit, Intelligenz und staatliches Leben angedeutet oder ausgeführt haben, so ergiebt sich immer deutlicher, wie wenig doch eigentlich durch die naturalistische Betrachtungsweise seit Bodin und Montesquieu ein neues Moment in die Auffassung der Geschichte eingeführt worden ist.[1]) Andererseits regt der Gedanke an die tiefgehenden Einwirkungen, welche diese Betrachtungsweise auf die moderne Geschichtschreibung geübt hat, die Frage an, wie sich im weiteren Verlaufe die hellenische Historiographie gegenüber

---

1) Man vgl. nur die frappante Uebereinstimmung folgender Stellen:
Aristoteles l. c. n. 16: Διὰ τί οἱ μὲν ἐν τοῖς θερμοῖς τόποις δειλοί εἰσιν, οἱ δὲ ἐν τοῖς ψυχροῖς ἀνδρεῖοι; — ἀνδρεῖοι εἰσὶν οἱ τὴν φύσιν θερμοί, δειλοὶ δὲ οἱ καταψυχμένοι. συμβαίνει δὴ τοὺς μὲν ἐν τοῖς θερμοῖς ὄντας καταψύχεσθαι (ἀραιοῦ γὰρ ὄντος αὐτοῖς τοῦ σώματος τὸ θερμὸν αὐτῶν ἔξω

Montesquieu l. c. XIV, 2: L'air froid resserre les extrémités des fibres extérieures de notre corps; cela augmente leur ressort et favorise le retour du sang des extrémités vers le coeur, il diminue la longueur de ces mêmes fibres; il augmente donc encore par là leur force. L'air chaud au contraire relâche les ex-

denselben von der Naturforschung angeregten und bereits in der philosophischen, poetischen, geschichtlichen Literatur zu so entschiedener Geltung gekommenen Ideen verhalten hat. Vor Allem ist es das Werk des Polybios, welches dieselbe enge Verbindung von Erdkunde und Geschichte zeigt, wie wir ihr bei Ephoros begegnet sind; und wir dürfen in diesem Punkte gewiß durch ein geistiges Band, für welches wir über Ephoros hinaus keinen bestimmten Anknüpfungspunkt fanden, den Geschichtschreiber der römischen Weltherrschaft mit dem hellenischen Universalhistoriker verbunden denken. Denn es geschah wohl nicht ohne die Anregung durch den von ihm so gerne berücksichtigten Ephoros, daß Polybios mit solcher Entschiedenheit eine genaue Landeskunde als eine der wichtigsten Grundlagen der Historie hingestellt und durch meisterhafte Beobachtungen — ich erinnere nur an die über das schwarze Meer, über die Lage von Byzanz und Chalcedon [1]) — dieser Forderung selbst so sehr gerecht geworden ist.

διεκπίπτει) τοὺς δ' ἐν τοῖς ψυχροῖς ἐκτεθερμάνθαι τὴν φύσιν διὰ τὸ ἐκ τοῦ ἐκτὸς ψύχους πυκνοῦσθαι τὴν σάρκα, πυκνουμένης δ' ἐντὸς συστέλλεσθαι τὸ θερμόν. trémités des fibres et les alonge, il diminue donc leur force et leur ressort. On a donc plus de vigueur dans les climats froids. — Les peuples des pays chauds sont timides, comme les vieillards le sont; ceux des pays froids sont courageux, comme le sont les jeunes gens.

Besonders charakteristisch aber tritt es bei Bobin hervor, wie sehr es die antiken Vorstellungen sind, von denen die moderne Geschichtsauffassung ausging, als sie das physische Moment wieder in ihren Gesichtskreis zu ziehen begann. Methodus ad facilem historiarum cognitionem. cap. 5: de recto historiarum judicio (bes. p. 91, 101 flgb., 107) ed. Bas. 1676. cf. De republica V. c. 1 (ed. cit. p. 772, 777, 782 flgb.).

1) IV, 38—45.

Tiefer vermögen wir freilich auch hier den innern Zusammenhang nicht bloßzulegen und müssen es insbesondere dahingestellt sein lassen, ob die einseitige physikalische Erklärungsweise, wie wir sie bei Polybios wenigstens theoretisch ausgesprochen finden, auf Ephoros und Andere zurückzuführen sei, oder ob diese Richtung, die ja allerdings schon in der Schrift des Hippokrates im Keim enthalten und seitdem so mannigfaltig weitergebildet war[1]), erst von Polybios und seiner Zeit so sehr auf die Spitze getrieben wurde.

An der Stelle, die hier in Betracht kommt, führt nämlich Polybios die Pflege der Tonkunst und Geselligkeit bei den Arkadiern auf die Absicht zurück, die rauhe, aus der Unwirthlichkeit des Landes entspringende Gemüthsart des Volkes zu mildern, und fügt hinzu, daß eine **naturnothwendige Uebereinstimmung zwischen Landes- und Volksnatur** bestehe, und daß es **nur diese und keine andere Ursache** gebe, durch welche die Verschiedenheiten der Völker in Sitte, Gestalt, Farbe und den meisten Beziehungen des Lebens bedingt seien.[2]) Ein Satz, den freilich Polybios selbst

---

1) Einen charakteristischen Beleg dafür bietet auch die Mittheilung Diodor's aus den Ἰνδικά des Megasthenes, wo die Verständigkeit der Indier aus der Klarheit der Luft und der Reinheit des Trinkwassers hergeleitet wird. cf. Müller: Fragmenta historicorum graecorum II, 402. — εἶναι δὲ αὐτοὺς συμβαίνει καὶ πρὸς τὰς τέχνας ἐπιστήμονας, ὡς ἂν ἀέρα μὲν ἕλκοντας καθαρόν, ὕδωρ δὲ λεπτομερέστατον πίνοντας.

2) L. IV. c. 21: — ᾧ (sc. τῷ περιέχοντι) συνεξομοιοῦσθαι πεφύκαμεν πάντες ἄνθρωποι κατ' ἀνάγκην· οὐ γὰρ δι' ἄλλην, διὰ δὲ ταύτην τὴν αἰτίαν κατὰ τὰς ἐθνικὰς καὶ τὰς ὁλοσχερεῖς διαστάσεις πλεῖστον ἀλλήλων διαφέρομεν ἤθεσί τε καὶ μορφαῖς καὶ χρώμασιν, ἔτι δὲ τῶν ἐπιτηδευμάτων τοῖς πλείστοις. Selbst das

nicht in dieser Schroffheit durchführen kann! Denn consequenter Weise hätte er die Thatsache, daß die Bewohner der Kynätheïs an Roheit alle andern Arkadier übertrafen, eben nur aus dem Umstand ableiten müssen, daß das Klima dieser Landschaft in der That bei weitem das rauheste in ganz Arkadien ist. Allein er führt neben diesem Einfluß als Hauptursache der Verwilderung der Kynäthier die Thatsache an, daß sie die von ihren Stammesgenossen gepflegte musische Bildung vernachlässigten, und spricht die Erwartung aus, daß dieses entartete Völkchen durch Aufnahme dieses Bildungselementes der Gesittung zugänglich gemacht werden könne. Es erscheint ihm also hier für die Richtung des Volkscharakters nicht die Natur ausschlaggebend, sondern ein ideelles Moment, welches sich im Gegensatz gegen die Natur zu bethätigen vermag.

Wenn dieß Polybios nicht abgehalten hat, in der Theorie die ethnographischen Unterschiede einseitig als Erzeugniß der Landesnatur zu fassen, so erklärt sich das nicht bloß aus literarischen Anregungen, sondern zugleich aus dem Charakter seines ganzen Geschichtswerkes. Dieser Art pragmatischer Geschichtschreibung, die, um mit Mommsen zu reden[1]), die Geschichte — ein sittliches Problem! — so behandelt, als wäre es ein mechanisches, entsprach ja vollkommen eine ethnographische Anschauung, welche ohne rechtes Verständniß für das Moment der sittlichen Freiheit und der idealen Kräfte, die in der Völkerentwicklung walten, sich mit einer flach ratio-

---

bedeutende Buch von Nitzsch: Polybius, zur Geschichte antiker Politik und Historiographie, hat diese Seite polybianischer Geschichtsauffassung unberührt gelassen.
1) Römische Geschichte II, 459.

nalisirenden und ganz äußerlichen Ableitung aus physischen Voraussetzungen zufrieden giebt.[1])

Es wäre für die Geschichte der hier in Betracht kommenden Ideen ohne Zweifel von großer Bedeutung, wenn uns die Fortsetzung des polybianischen Geschichtswerkes von Posidonios erhalten wäre. Bei seinem ausgeprägten Streben nach Ergründung des ursächlichen Zusammenhanges der Erscheinungen[2]), seinem Interesse für ethnographische Fragen[3]) und der seltenen mathematisch-naturwissenschaftlichen Bildung, die er für die Historie mitbrachte[4]), war er in hervorragender Weise zu einem Urtheil über unser Problem berufen, welches ihm durch das universalhistorisch angelegte Werk, das er weiterzuführen unternahm, von selbst näher getreten war. Leider sind uns aber nur einige wenige Andeutungen aufbewahrt, die erkennen lassen, in welcher Beziehung er eine Rückwirkung der Landesnatur auf die Entwicklung der Völker angenommen und in welchem Grade er sich den Natureinfluß gegenüber anderen d. h. geschichtlichen Faktoren wirksam gedacht hat.

Strabo allein bietet uns ein Beispiel dafür, wie Posidonios seinen allgemeinen Standpunkt auf einen concreten Fall angewandt hat. Wir verdanken ihm die Mittheilung

---

1) Es ist auffallend, daß sich selbst eine so feinfühlige Natur, wie Winckelmann, der These des Polybios, sowie einer ähnlich gedachten Sentenz Cicero's, daß die Köpfe desto feiner seien, je reiner und dünner die Luft ist (de nat. deor. II, 16), rückhaltlos anschließt, indem er hinzufügt, es scheine sich mit den Menschen wie mit den Blumen zu verhalten, die, je trockener der Boden und je wärmer der Himmel ist, desto stärkeren Geruch haben. Geschichte der Kunst des Alterthums I. c. 3, § 2, 13. Vgl. dagegen schon Bodin: De republica V, 1. ed. 3. 1594. p. 772.
2) cf. Müller: Fragmenta historicorum graecorum III. Pos. fr. n. 69.
3) Müller l. c. fr. n. 68, 8—84.   4) ib. p. 252.

über die Hypothese des letzteren, daß die drei einander benachbarten Völker der Armenier, Araber und Erember, die eine gewisse Stammverwandtschaft zeigten, ursprünglich ein einziges Volk gewesen, aus welchem jedoch entsprechend den klimatischen Verhältnissen ihrer Wohnsitze, die immer mehr von einander abwichen, jene drei ethnographisch verschiedenen Stämme erwachsen seien.¹) Schon daraus ergiebt sich, welch' hohe Bedeutung Posidonios dem physischen Faktor für die Entwicklung der Völker beigelegt hat; daß er aber von diesem Standpunkt aus ebenfalls zu einer einseitigen Auffassung gelangt ist, deutet Strabo wenigstens im Allgemeinen an, wenn er gerade im Hinblick auf den Versuch des Posidonios, die Verschiedenheiten des Klimas, der Pflanzen und Geschöpfe durch gewisse dem Aequator parallele Linien zu bestimmen²), mit aller Entschiedenheit neben den geographischen Einflüssen die selbständige Bedeutung der das Völkerleben bestimmenden ideellen Faktoren hervorheben zu müssen glaubte.³)

Einen tieferen Einblick in die Gesammtanschauung des Posidonios gewährt eine Stelle Galen's, nach welcher unser Historiker die Erklärung der bedeutenden Unterschiede, die in Anlagen und Neigungen der verschiedene Himmelsstriche bewohnenden Völker hervorträten, auf die Annahme eines voll-

---

1) Müller l. c. fr. 86 (III, 289): ὥσπερ δὲ ἀπὸ ἔθνους [ἑνὸς] ὑπολαμβάνειν ἔστιν εἰς τρία διηρῆσθαι κατὰ τὰς τῶν κλιμάτων διαφορὰς ἀεὶ καὶ μᾶλλον ἐξαλλαττομένων, οὕτω καὶ τοῖς ὀνόμασι χρήσασθαι πλείοσιν ἀνθ' ἑνός. cf. Strabo I. c. 2 § 34.

2) An sich allerdings ein sehr sinnvoller Gedanke, in welchem Scheppig (De Posidonio Apamensi rerum, gentium, terrarum scriptore) mit Recht die Anfänge unserer „Thier- und Pflanzengeographie" erblickt. — Uebrigens geht selbst Scheppig's Schrift nicht auf die von uns erörterte Frage ein.

3) II. c. 3, § 7.

ständigen Parallelismus zwischen Seelen- und Körperthätigkeit gegründet hätte. Die Affekte der Seele entsprächen nämlich stets der körperlichen Constitution, welche ihrerseits wieder nicht geringen Veränderungen durch die Temperatur der Atmosphäre unterworfen sei. So wird ihm die Frage, warum dem Volkscharakter hier der Stempel der Feigheit und Genußsucht, dort der Energie und Arbeitsamkeit aufgeprägt erscheint, identisch mit der Frage nach den physiologischen Einwirkungen der verschiedenen Klimate auf die Beschaffenheit des Blutes.[1]) Wir begegnen hier offenbar der aristotelischen Lehre von dem Zusammenhang gewisser ethnographischer Unterschiede mit den Differenzen der animalischen Wärme; wie denn in der That Galen seine Mittheilung über den posidonischen Standpunkt mit einem Hinweis auf die weitere Ausführung desselben Gedankens bei Aristoteles abschließt.

Gegenüber diesen einseitigen Richtungen repräsentirt der letzte Fortsetzer des polybianischen Geschichtswerkes, Strabo von Amasea, einen bedeutsamen Fortschritt. Wir haben

---

1) Wir theilen die ganze Stelle mit, um den Gedankengang an sich, wie die Verwandtschaft mit Aristoteles klar hervortreten zu lassen. Galen de placitis Hippocratis et Platonis l. V. p. 290 (ed. Bas. 1538. tom. I). cf. Müller l. c. III, 258 fr. n. 84. καὶ γὰρ τῶν ζώων καὶ τῶν ἀνθρώπων ὅσα μὲν εὐρύστορνά τε καὶ θερμότερα, θυμικώτερα πάνθ' ὑπάρχει φύσει, ὅσα δὲ πλατύϊσχιά τε καὶ ψυχρότερα, δειλότερα. καὶ κατὰ τὰς χώρας οὐ σμικρῷ τινι διενηνοχέναι τοῖς ἤθεσι τοὺς ἀνθρώπους εἰς δειλίαν καὶ τόλμαν ἢ τὸ φιλήδονόν δὲ καὶ φιλόπονον ὡς τῶν παθητικῶν κινήσεων τῆς ψυχῆς ἑπομένων ἀεὶ τῇ διαθέσει τοῦ σώματος, ἢ ἐκ τῆς κατὰ τὸ περιέχον κράσεως οὐ κατ' ὀλίγον ἀλλοιοῦσθαι. καὶ γὰρ δὴ καὶ τὸ αἷμα διαφέρειν ἐν τοῖς ζώοις φησὶ θερμότητι καὶ ψυχρότητι καὶ πάχει καὶ λεπτότητι καὶ ἄλλαις φησὶ διαφοραῖς οὐκ ὀλίγαις, ὑπὲρ ὧν Ἀριστοτέλης ἐπὶ πλεῖστον διῆλθεν. Vgl. die früher angeführten Stellen des Aristoteles.

freilich, da uns diese Fortsetzung verloren ist, keine vollständige Kenntniß von der Art und Weise, wie der geistvolle Geograph seine Ideen für die Geschichte fruchtbar gemacht hat; allein sein erhaltenes Hauptwerk, das Alexander v. Humboldt in Beziehung auf die Großartigkeit des Plans über alle geographischen Arbeiten des Alterthums gestellt hat, bietet Züge genug, welche uns den Fortschritt gegenüber der Theorie seiner unmittelbaren Vorgänger lebendig veranschaulichen.

Allerdings zieht auch Strabo aus der Aehnlichkeit der Landesnatur Armeniens und Mediens den Schluß, daß die Sitten der Bevölkerungen beider Länder wesentlich gleich sein müßten[1]); allein die Fülle seines Wissens hat ihn davor bewahrt, in derselben doktrinären Weise wie Frühere eine nothwendige Consonanz zwischen Land und Volk zu behaupten. Hatte er doch selber die Beobachtung gemacht, daß im auffallenden Gegensatze zu ihrem im Ganzen so gesegneten Lande die meisten Mauretanier sich nicht über die Stufe des Nomadenlebens zu erheben vermochten[2]), und ganz ähnlich lange Zeit die Numidier[3]), ohne doch wie andere Völker durch Mangel an Nahrung, Unwirthlichkeit des Bodens oder Klimas zu jener Lebensweise gezwungen zu sein. Wenn Strabo bei dieser Gelegenheit hinzufügt, daß erst Masinissa, also eine einzige geniale Persönlichkeit, die Numidier zu einem ackerbauenden, sich einer staatlichen Ordnung fügenden Volke

---

[1]) Ἔϑη δὲ τὰ πολλὰ μὲν τὰ αὐτὰ τούτοις τε καὶ τοῖς Ἀρμενίοις διὰ τὸ καὶ τὴν χώραν παραπλησίαν εἶναι. L. XI. cap. 13, § 9. Vgl. die bedeutungsvolle Stelle in L. III. c. 2, § 15: Τῇ δὲ τῆς χώρας εὐδαιμονίᾳ καὶ τὸ ἥμερον καὶ τὸ πολιτικὸν συνηκολούϑησε τοῖς Τουρδητανοῖς.

[2]) L. XVII. c. 3, § 7. [3]) ib. § 15.

gemacht hat, so lag die Einsicht nahe, daß alle Begünstigungen der Natur todtes unfruchtbares Besitzthum sind, wenn sie nicht in würdige Hände kommen; daß wir demnach, um Peschel's schönes Wort zu gebrauchen¹), höher als alle Umrisse von Land und Meer, als Höchstes sogar die That verehren müssen. Schon jene vereinzelte Beobachtung über Mauretanien und Numidien ergab die, durch die späteren Schicksale der hellenischen Kulturlandschaften selbst am prägnantesten bestätigte Lehre, daß sich sogar unter denselben natürlichen Einflüssen bald Kulturvölker entwickeln, bald nicht, daß es ungeschichtliche Völker auch unter solchen für die Kultur günstig erscheinenden Einwirkungen giebt.

In der That steht Strabo hoch über jener mechanischen Auffassung, nach welcher die kulturgeschichtliche Individualität der Völker unbedingt von der Natur abhängt. Er geht sogar so weit in der Betonung der Freiheit des Menschen gegenüber der Natur, daß ihm die meisten Bethätigungen menschlicher Geschicklichkeit in Gewerbe, Kunst, Wissenschaft unter jedem Himmelstrich möglich erscheinen, wenn nur überhaupt einmal ein Anfang der Entwicklung gemacht ist.²) Ein Gedanke, der minder idealistisch erscheint, wenn man an die unabsehbare Ausbreitung der europäischen Civilisation über die verschiedensten Zonen der Erde denkt, an die eminente Befähigung dieser Kultur, sich natürlichen Bedingungen anzupassen, total verschieden von denjenigen, unter welchen sie selbst entstanden

---

1) l. c. 556.
2) L. II. c. 3, § 7: — καὶ τέχναι τε καὶ δυνάμεις καὶ ἐπιτηδεύσεις, ἀρξάντων τινῶν, κρατοῦσιν αἱ πλείους ἐν ὁποιῳοῦν κλίματι. — Die von ihm c. 5, § 3 als unbewohnbar bezeichnete kalte und heiße Zone ist dabei wohl stillschweigend ausgenommen.

und groß geworden ist. — Klar und bestimmt stellt Strabo den Einflüssen von Klima und Landesnatur (φύσις) als selbständigen gleichwerthigen Faktor die freie Thätigkeit und schöpferische Kraft des Volksgeistes gegenüber (θέσις καὶ ἄσκησις). „Nicht die Natur hat den Athenern literarische Bildung verliehen, den Lakoniern und Thebanern versagt, sondern vielmehr die eigene Gewöhnung; auch die Babylonier und Aegypter hat nicht die Natur zu Philosophen gemacht, sondern Uebung und Sitte."[1] „Sehen wir doch auch bei Thieren nicht bloß örtliche Begünstigungen, sondern auch die Gewöhnung eine Steigerung ihrer natürlichen Fähigkeiten hervorrufen."[2] So lenkt Strabo, der nicht umsonst Erd=kunde und Geschichtschreibung in seiner Person vereinigte, den Blick von der äußeren Natur stets wieder zurück ins Innere des Menschen; und indem er der bei Früheren, wie z. B. Posidonios, hervortretenden Unklarheit in dieser Frage ent=schieden entgegentritt[3], wird er selber vollkommen der For=derung gerecht, daß die ethnographischen Thatsachen nicht bloß physikalisch, sondern auch psychologisch und geschichtlich erklärt sein wollen.

Mit diesem freien Standpunkte verbindet nun Strabo aber auch eine tiefgehende Einsicht in die Rückwirkungen der äußeren Natur auf Geschichte und Volkscharakter. Inwieweit

---

1) ib.: ἔστι δέ τι καὶ παρὰ τὰ κλίματα, ὥστε τὰ μὲν φύσει ἐστὶν ἐπιχώριά τισι, τά τε θέσει καὶ ἀσκήσει· οὐ γὰρ φύσει Ἀθηναῖοι μὲν φιλόλογοι, Λακεδαιμόνιοι δ' οὔ, καὶ οἱ ἔτι ἐγγυτέρω Θηβαῖοι, ἀλλὰ μᾶλλον ἔθει· οὕτως οὐδὲ Βαβυλώνιοι φιλόσοφοι φύσει καὶ Αἰγύπτιοι, ἀλλ' ἀσκήσει καὶ ἔθει. καὶ ἵππων τε καὶ βοῶν ἀρετὰς καὶ ἄλλων ζῴων οἱ τόποι μόνον ἀλλὰ καὶ ἀσκήσεις ποιοῦσιν.

2) ib.   3) ib.

er darin — was seine Einzelbeobachtungen angeht — auf den Schultern seiner Vorgänger steht oder Original ist, muß freilich dahin gestellt bleiben; jedoch ist nicht zu vergessen, daß die Erdkunde seit Jahrhunderten von schöpferischen Geistern großartig ausgebildet worden war, und zugleich Geschichts= forschung und Naturwissenschaften, aus denen sie sich als selbständige Disciplin losgelöst, immerdar wie von Anfang thätig geblieben waren, die geographischen Anschauungen zu läutern und zu vertiefen. So erscheint es nur als der natür= liche Abschluß einer langen Entwicklung, wenn sich Strabo bei der Betrachtung der Erdoberfläche die Ueberzeugung auf= drängt, daß die Länderformen nicht ein Erzeugniß des Zufalls, sondern mit planmäßiger Vernunft geordnet seien, daß sie als ein Werk nicht bloß der $\varphi\acute{v}\sigma\iota\varsigma$, sondern der $\pi\varrho\acute{o}voia$ zu denken sind.[1]

Liegt nicht darin schon der Kern zu jener Idee Ritter's, wonach die Erde, berufen ein „Erziehungshaus der Mensch= heit" zu sein, von ihrem Entstehen und Werden an einer höheren Bestimmung gemäß eingerichtet, also höher organisirt wäre, als die andern Körper der sogenannten organischen und unorganischen Natur? Was ist Strabo's Anschauung anders als **geographische Teleologie**[2], wie sie Peschel als

---

[1] L. XVII. c. 1, § 36: — $v\tilde{v}v$ δ' $\dot{\varepsilon}\pi\grave{i}$ $\tau o\sigma o\tilde{v}\tau ov$ $\dot{v}\pi o\mu v\varepsilon\sigma\tau\acute{\varepsilon}ov$ $\tau\grave{o}$ $\tau\tilde{\eta}\varsigma$ $\varphi\acute{v}\sigma\varepsilon\omega\varsigma$ $\ddot{a}\mu a$ $\varkappa a\grave{i}$ $\tau\grave{o}$ $\tau\tilde{\eta}\varsigma$ $\pi\varrho o v o \acute{\iota} a \varsigma$ $\ddot{\varepsilon}\varrho\gamma ov$ $\varepsilon\dot{\iota}\varsigma$ $\ddot{\varepsilon}v$ $\sigma v\mu\varphi\acute{\varepsilon}\varrho ov\tau a\varsigma\cdot$ $\varkappa\tau\lambda$. Vgl. IV. c. 1, § 15, wo Strabo die Betrachtung der hydrogra= phischen Verhältnisse Galliens zu dem Schlusse veranlaßt: $\ddot{\omega}\sigma\tau\varepsilon$ $\dot{\varepsilon}\pi\grave{i}$ $\tau\tilde{\omega}v$ $\tau o\iota o\acute{v}\tau\omega v$ $\varkappa\ddot{a}v$ $\tau\grave{o}$ $\tau\tilde{\eta}\varsigma$ $\pi\varrho o v o\acute{\iota}a\varsigma$ $\ddot{\varepsilon}\varrho\gamma ov$ $\dot{\varepsilon}\pi\iota\mu a\varrho\tau v\varrho\varepsilon\tilde{\iota}\sigma\vartheta a\acute{\iota}$ $\tau\iota\varsigma$ $\ddot{a}v$ $\delta\acute{v}\xi\varepsilon\iota\varepsilon v$, $o\dot{v}\varkappa$ $\ddot{o}\pi\omega\varsigma$ $\ddot{\varepsilon}\tau v\chi\varepsilon v$, $\dot{a}\lambda\lambda$' $\dot{\omega}\varsigma$ $\ddot{a}v$ $\mu\varepsilon\tau\grave{a}$ $\lambda o\gamma\iota\sigma\mu o\tilde{v}$ $\tau\iota v o\varsigma$ $\delta\iota a\varkappa\varepsilon\iota\mu\acute{\varepsilon}-$ $v\omega v$ $\tau\tilde{\omega}v$ $\tau\acute{o}\pi\omega v$. cf. c. 1, § 2.

[2] Die ganze Stelle ist so teleologisch gedacht wie nur möglich. Man vgl. nur — $\dot{a}v\vartheta\varrho\acute{\omega}\pi o\iota\varsigma$ $\ddot{\omega}v$ $\ddot{\varepsilon}v\varepsilon\varkappa a$ $\varkappa a\grave{i}$ $\tau\grave{a}$ $\ddot{a}\lambda\lambda a$ $\sigma v v\acute{\varepsilon}\sigma\tau\eta\varkappa\varepsilon$!

Princip der ritter'schen Forschung hinstellt[1]), d. h. ein Versuch, Schöpferabsichten aus dem Gemälde des Erdganzen zu ergründen?[2]) Darstellungen, wie die von Europa und noch mehr von Italien, geben eigentlich schon Strabo einen Anspruch auf das, was in den „neuen Problemen der vergleichenden Erdkunde" über Ritter gesagt wird: „Daß der Gang der Geschichte schon durch das Antlitz unseres Planeten vor-

Ferner: ἐπειδὴ τῇ γῇ περίκειται τὸ ὕδωρ οὐκ ἔστι δ' ἔνυδρον ζῷον ὁ ἄνθρωπος, ἀλλὰ χερσαῖον καὶ ἐναέριον καὶ πολλοῦ κοινωνικὸν φωτός, ἐποίησεν ἐξοχὰς ἐν τῇ γῇ πολλὰς καὶ εἰσοχάς (scil. ἡ πρόνοια), ὥστ' ἐν αἷς μὲν ἀπολαμβάνεσθαι τὸ σύμπαν ἢ καὶ τὸ πλέον ὕδωρ ἀποκρύπτον τὴν ὑπ' αὐτῷ γῆν, ἐν αἷς δὲ ἐξέχειν τὴν γῆν ἀποκρύπτουσαν ὑφ' ἑαυτῇ τὸ ὕδωρ πλὴν ὅσον χρήσιμον τῷ ἀνθρωπείῳ γένει καὶ τοῖς περὶ αὐτὸ ζῴοις καὶ φυτοῖς.

[1] Neue Probleme der vergleichenden Erdkunde. 3.

[2] Ein bedeutsames Beispiel ausgeprägter teleologischer Auffassung würde auch Pierre Gilles' lateinische Bearbeitung des ἀνάπλους Βοσπόρου v. Dionysios v. Byzanz gewähren, wenn man annehmen dürfte, daß die fragliche Aeußerung Gilles' schon irgendwie durch die verlorene griechische Vorlage angeregt worden sei. cf. Geographi graeci minores ed. Müller II, 5: jure Jason XII diis fanum consecravit propterea, ut mihi videtur, quod omnes dii ad eum ornandum contendisse videntur, contra Sostratum, qui Bosporum asserit Neptuni opus esse; mihi potius ab orbe condito ipsum patefecisse videtur architectus ille summus, qui elementa creavit et distinxit. Quomodo Neptuni fortuita vi Euxinus Pontus tam scite Bosporum aperire potuisset? in quo nihil fortuitum videtur, sed summa ratione factum, ut vix ulla humana mens majore artificio excogitare posset commodiorem ad navigandum etc. „Sollte der Mensch", fragt Carl Ritter, „an einen bloß durch feindliche Antipathien der Naturgewalten, sei es durch Neptuns oder Vulkans in den Erden und Oceanen, oder durch Hitze und Kälte in den Lüften gestalteten Wohnort, an ein durch sinnlose Willkür ganz verzaubertes Wohnhaus gefesselt sein?" Einleitung zur allgemeinen vergleichenden Geographie. 206.

gezeichnet, das war der große Gedanke, der Ritter's Namen mit hellem Glanz umspielt. Denn er weckte das Gefühl, als ob die Erdenräume gleichsam nach einer Prädestination gestaltet und geordnet wären, und seitdem traten uns, was früher Afrika, Amerika, Australien hieß, wie geheimnißvolle Persönlichkeiten oder wie große Individuen, nach Ritter's tiefem Ausdruck, entgegen, welche hineingriffen mit ungezügelter Parteinahme in die Geschicke der Menschen, hier eine Bevölkerung festschmiedend an eine niedere thierische Stufe, dort sie hinauftragend zu idealen Höhen."

Hat doch schon Strabo die Continente der alten Welt als verschiedenartige geographische Individuen erfaßt[1]) und den hervorragendsten derselben in seiner Bedeutung für den Entwicklungsgang der Kultur meisterhaft dargestellt. Schon er hat den edeln für die Kulturentwicklung hochbedeutsamen Bau Europas erkannt. Als den am reichsten gegliederten ($\pi o \lambda v \sigma \chi \eta \mu o v \varepsilon \sigma \tau \acute{\alpha} \tau \eta v$) Erdtheil stellt er es Afrika gegenüber, welches sich in seiner Massenhaftigkeit und der Einförmigkeit seiner Küstengestaltung als das gerade Gegentheil erweist, und Asien, welches hinsichtlich der Gliederung eine Mittelstellung zwischen den beiden einnimmt.[2])

Nach Strabo ist das vielgestaltige Europa derjenige Welttheil, wo die Natur für die Heranbildung tüchtiger Volks-

---

1) Vgl. auch die Hervorhebung des vergleichenden Elementes in der geographischen Forschung Lib. II. c. 5, § 18: — $\kappa\alpha\tau\grave{\alpha}\ \tau\grave{\eta}\nu\ \gamma\varepsilon\omega\gamma\rho\alpha\varphi\iota\kappa\grave{\eta}\nu\ \iota\sigma\tau o\rho\iota\alpha\nu\ o\grave{v}\ \sigma\chi\eta\mu\alpha\tau\alpha\ \mu\acute{o}\nu o\nu\ \zeta\eta\tau o\~v\mu\varepsilon\nu\ \kappa\alpha\grave{\iota}\ \mu\varepsilon\gamma\acute{\varepsilon}\theta\eta\ \tau\acute{o}\pi\omega\nu$, $\grave{\alpha}\lambda\lambda\grave{\alpha}\ \kappa\alpha\grave{\iota}\ \sigma\chi\acute{\varepsilon}\sigma\varepsilon\iota\varsigma\ \pi\rho\grave{o}\varsigma\ \grave{\alpha}\lambda\lambda\eta\lambda\alpha\ \alpha\grave{v}\tau\~\omega\nu$.

2) L. II. c. 5, § 18: $\grave{\eta}\ \mu\grave{\varepsilon}\nu\ o\~v\nu\ E\grave{v}\rho\acute{\omega}\pi\eta\ \pi o\lambda v\sigma\chi\eta\mu o v\varepsilon\sigma\tau\acute{\alpha}\tau\eta\ \pi\alpha\sigma\~\omega\nu\ \grave{\varepsilon}\sigma\tau\iota\nu$, $\grave{\eta}\ \delta\grave{\varepsilon}\ \Lambda\iota\beta\acute{v}\eta\ \tau\grave{\alpha}\nu\alpha\nu\tau\acute{\iota}\alpha\ \pi\acute{\varepsilon}\pi o\nu\theta\varepsilon\nu$, $\grave{\eta}\ \delta\grave{\varepsilon}\ A\sigma\acute{\iota}\alpha\ \mu\acute{\varepsilon}\sigma\eta\nu\ \pi\omega\varsigma\ \grave{\alpha}\mu\varphi o\~\iota\nu\ \grave{\varepsilon}\chi\varepsilon\iota\ \tau\grave{\eta}\nu\ \delta\iota\acute{\alpha}\theta\varepsilon\sigma\iota\nu$.

charaktere, für die Entwicklung guter staatlicher Ordnungen am meisten gethan hat.¹) Auch sind die einzelnen geographischen Elemente, welche zusammenwirken, um Europa zum begünstigtsten Sitze menschlicher Kultur zu machen, von Strabo in ziemlich umfassender Weise gewürdigt, wenngleich seine Analyse eine gewisse systematische Ordnung vermissen läßt. — Neben der Mannigfaltigkeit der wagerechten Gliederung wird eben so sehr die des Erhebungssystems berücksichtigt und im Anschluß daran wenigstens die Rückwirkung des letzteren auf den Menschen erörtert. Da nämlich nach Strabo die Milde der Landesnatur dazu beiträgt²), eine friedliebende, gesittete Bevölkerung heranzuziehen, die Unwirthlichkeit des Landes in einem rauheren kriegerischen Sinne des Volkes sich wiederspiegelt, so findet das bunte Nebeneinander von Ebenen und Gebirgsgegenden, welches er als charakteristisch für Europa hervorhebt, in der entsprechenden Gestaltung menschlicher Kulturverhältnisse seinen Ausdruck. Allenthalben neben ackerbauendem, zum Träger staatlicher Kultur berufenem Volke, wie es sich in den Ebenen, den natürlichen Schauplätzen der Gesittung und Städtebildung zu entwickeln pflegt, kriegerisch-kräftige Bevölkerungen, wie sie die unwirthlichere Gebirgswelt großzieht. Daher Europa für die Entwicklung friedlicher Kultur

---

3) ib. § 26: ἀρκτέον δ' ἀπὸ τῆς Εὐρώπης, ὅτι πολυσχήμων τε καὶ πρὸς ἀρετὴν ἀνδρῶν εὐφυεστάτη καὶ πολιτειῶν, καὶ ταῖς ἄλλαις πλεῖστον μεταδεδωκυῖα τῶν οἰκείων ἀγαθῶν.

1) Bedeutungsvoll ist die Art und Weise, wie Strabo hier die Natur nur als mitwirkenden Faktor, nicht als absolut maßgebend hinstellt: ὅσον δ' ἐστὶν αὐτῆς ἐν ὁμαλῷ καὶ εὐκράτῳ τὴν φύσιν ἔχει συνεργὸν πρὸς ταῦτα, ἐπειδὴ τὸ μὲν ἐν τῇ εὐδαίμονι χώρᾳ πᾶν ἐστιν εἰρηνικόν, τὸ δὲ ἐν τῇ λυπρᾷ μάχιμον καὶ ἀνδρικόν.

eben so sehr begünstigt, wie für die Entfaltung kriegerischer Kraft.¹)

Mit der Betrachtung des senkrechten Baues pflegen wir die des geologischen Untergrundes zu verbinden. Auch Strabo vergißt nicht, wenigstens darauf hinzuweisen, daß Europas Boden zwar nicht — leicht entbehrliches! — Edelgestein in seinem Schooße birgt, wohl aber alle nützlichen Metalle. Was die für die materielle und sittliche Kultur des Menschen so bedeutungsvolle Flora und Fauna betrifft, so bemerkt er, daß wir zwar Wild, Räucherwerk oder Gewürze mehr oder minder entbehren, jedoch reichlich gesegnet sind durch die Fülle und Güte nutzbarer Kulturpflanzen und Hausthiere. Die Gunst des Klimas zeigt sich ihm darin, daß nur wenige Strecken durch allzu große Kälte unbewohnbar werden, und der menschenfreundliche Charakter der Landesnatur überhaupt, daß sie dem Menschen keine unüberwindlichen Hindernisse in der Milderung oder Beseitigung ungünstiger Naturverhältnisse entgegenstellt. Auch die rauhen und gebirgigen, von Natur nur eine geringe Bevölkerung ernährenden Gegenden Europas entziehen sich nicht einer mildernden Umbildung durch eine gute Volkswirthschaft. Griechen und Römer sind ihm ein sprechendes Beispiel für das, was hier der Mensch in der Ueberwindung der Natur zu erreichen vermag. Erstere führen in ihrem bergigen, felsigen Lande eine behagliche Existenz, Dank der Sorgfalt, welche sie der Staatsverwaltung, Künsten, Wissenschaften und der Industrie zuwenden. Rom aber ist es gelungen, so manches durch klimatische und Bodenverhält-

---

1) ib.: ὅλη γὰρ διαπεποίκιλται πεδίοις τε καὶ ὄρεσιν, ὥστε πανταχοῦ καὶ τὸ γεωργικὸν καὶ τὸ πολιτικὸν καὶ τὸ μάχιμον παρακεῖσθαι· κτλ.

nisse auf einer niederen Kulturstufe festgehaltene, dem Verkehr nach außen abgewandte Volk aus seiner durch die Ungunst der Natur veranlaßten Isolirung in den allgemeinen Weltverkehr hineinzuziehen und einem geordneten Staatsleben zugänglich zu machen.

Das Bedeutendste jedoch, was Strabo in Betrachtungen dieser Art geleistet hat[1]), bildet die Charakteristik Italiens. Durchaus im Geiste moderner Wissenschaft, die zurückgehend auf die Umrisse der Erdfesten und die Natur ihres Bodens durch alle geographischen Elemente hindurch bis hinauf zur Menschenwelt und deren Geschichte den ursächlichen Zusammenhang verfolgt, hat Strabo das Problem hingestellt und ausgeführt, die gewaltigste Erscheinung der alten Geschichte: Roms Weltherrschaft vor unserem geistigen Auge aus Italiens Boden erstehen zu lassen.

Die im sechsten Buche gegebene Entwicklung der „hervorragendsten Ursachen, durch welche die Römer zu solcher Höhe erhoben wurden"[2]), beginnt mit dem Hinweis auf die insulare Lage Italiens, welches — durch drei Meere und ein schwerzugängliches Gebirge geschützt — eine von Außen ungestörte nationale Entwicklung begünstigt. Daran schließt sich die feine Beobachtung, daß der Mangel an Häfen fast an der ganzen Küste einen weiteren Schutz gegen das Ausland gewähre und zugleich die Güte und Geräumigkeit der wenigen

---

[1]) Vgl. übrigens auch Strabo's feine Beobachtungen über den Zusammenhang zwischen den Verschiedenheiten in dem Charakter der Bevölkerungen Spaniens und denen der Landesnatur. III. c. 3, § 5 und S. cf. c. 5, § 1.

[2]) L. VI. c. 4, § 1: τὰ μέγιστα νῦν ἐπισημαινούμεθα, ὑφ' ὧν εἰς τοσοῦτον ὕψος ἐξῄρθησαν Ῥωμαῖοι.

vorhandenen sowohl die Unternehmungen gegen das Ausland als die Entwicklung eines lebhaften Handels begünstige. Die Milde des Klimas — eine Folge der geographischen Lage — und die mannigfachen Abstufungen desselben, welche mit der Längenausdehnung Italiens zusammenhängen, treten als weitere Faktoren hinzu, und als Folge dieser Mannigfaltigkeit eine bedeutende Verschiedenheit der Thier- und Pflanzenwelt. Damit verbindet sich der Umstand, daß diese so anregende Mannigfaltigkeit der gesammten Natur auf kleinstem Raum zur Geltung kommt, da die Achsenstellung des Apennin ein unmittelbares Nebeneinander der verschiedensten Oberflächenformen — Gebirge, fruchtbare Hügellandschaft und Tiefebene — zur Folge hat.[1] — Trefflich ist auch die Bedeutung der centralen Lage Italiens, inmitten der wichtigsten Kulturvölker, hervorgehoben[2], insbesondere die der Nachbarschaft von Hellas und der geschichtlich wichtigsten Gegenden von Asien; eine Lage, welche, wie Strabo betont, eben so sehr die Entwicklung einer hegemonischen Machtstellung begünstigte, wie deren Behauptung erleichtert. — Der Hinweis auf die günstigen hydrographischen Verhältnisse, den Reichthum des Bodens an Metallen, Holz und Nahrungsmitteln für Mensch und Vieh giebt eine Vorstellung von dem, was das Land in der Hand einer Bevölkerung sein konnte, die seinen Segen zu nützen wußte, und erinnert zugleich lebhaft an die Verarmung, welcher das so

---

1) ib.: τῶν γὰρ Ἀπεννίνων ὀρῶν δι' ὅλου τοῦ μήκους διατεταμένων, ἐφ' ἑκάτερον δὲ τὸ πλευρὸν πεδία καὶ γεωλοφίας καλλικάρπους ἀπολειπόντων οὐδὲν μέρος αἰτῆς ἐστιν, ὃ μὴ καὶ τῶν ὀρείων ἀγαθῶν καὶ τῶν πεδίων ἀπολαῦον τυγχάνει.

2) Vgl. auch die analoge Bemerkung über die Bedeutung der centralen Lage für die hervorragende Stellung des delphischen Heiligthums. L. IX. c. 3, § 6.

reich begünstigte Land im unmittelbaren Zusammenhang mit dem Niedergang der römischen Kultur zum Opfer fiel.

Bei der geistigen Verödung dieser Jahrhunderte des Verfalls von Volk und Land konnte nach Strabo's Werk, welches den Höhepunkt der antiken Geographie bezeichnet, nur noch von einem Epigonenthum die Rede sein. Allerdings begegnen wir auch noch in den letzten Zeiten des Alterthums einem lebhaften Interesse an geographischen Studien, und die Verbindung geographischer Schilderung mit der Geschichtschreibung ist noch bis zuletzt beliebt gewesen; allein in den uns hier angehenden Fragen hat sich an Strabo weder im späteren Alterthum, noch in der ganzen Folgezeit — bis zur Renaissance — eine weitere Entwicklung angeknüpft.

Nichts könnte für diesen Stillstand bezeichnender sein, als die Thatsache, daß fast zwei Jahrhunderte später Galen die Beziehungen zwischen Volksgeist und Landesnatur nicht besser darlegen zu können glaubte, als mit den Worten der Früheren: des Plato, des Aristoteles und vor allen desjenigen Werkes, in welchem vor mehr als einem halben Jahrtausend Hippokrates dasselbe Problem — nach Galen's eigenem Ausspruch — zum ersten Male entwickelt hatte! Und doch will er nicht durch Autoritätsglauben, sondern durch eigene Prüfung zur unbedingten Anerkennung der Richtigkeit jener frühesten Lösungsversuche gelangt sein. — Ein Blick in die Weite der Welt drängt auch ihm die Ueberzeugung auf, daß die psychische, geistige und körperliche Eigenart der Völker, wie sie ihm damals entgegentrat, wesentlich der Ausdruck der geographischen Lage ihrer Wohnsitze ist.[1]) Wer sähe nicht, fragt

---

1) Daß freilich auch wir noch nicht über derartige Einseitigkeiten völlig hinaus sind, sehen wir wieder recht deutlich an den allerdings

er, daß sämmtliche Völker des Nordens von denen im Süden der bewohnten Welt körperlich und geistig durchaus verschieden sind, und daß die in der Mitte unter gemäßigten Breiten wohnenden in Beziehung auf körperliche Vorzüge, Sitte und Sittlichkeit, geistige Begabung und Einsicht diese wie jene übertreffen?[1]) Also auch hier noch ganz der aristotelische Standpunkt, welcher die vorübergehende Eigenthümlichkeit gewisser Kulturstufen mit bleibenden Grundzügen des Nationalcharakters verwechselt; auch hier noch keine Ahnung davon, daß das Bild, welches die Völkerwelt dem damaligen Beschauer bot, doch wesentlich mit durch die allgemeine kulturgeschichtliche Constellation vorgezeichnet war, deren Aenderung sich eben damals mit dem weltgeschichtlichen Zuge der Gothen zu vollziehen begann. Ein eigenthümliches Zusammentreffen, das gerade damals, als einer der letzten großen Vertreter

---

geistvollen Ansichten über die Beschränkung des Kunstsinnes auf gewisse bevorzugte Zonen und an der eigenthümlichen ästhetischen Racentheorie, welche Charles Blanc in seinem neuesten Buche „Les beaux-arts à l'exposition universelle de 1878" aus der Summe aller durch die Weltausstellung veranschaulichten Leistungen der Nationen auf künstlerischem Gebiete abstrahirt hat, trotzdem bei dieser Gelegenheit die wahre künstlerische Leistungsfähigkeit der einzelnen Völker nur in wenigen Fällen erschöpfend zum Ausdruck gelangen konnte.

1) ἐγὼ δὲ οὐχ ὡς μάρτυρι τἀνδρὶ πιστεύω τοῖς πολλοῖς ὡσαύτως, ἀλλ᾽ ὅτι τὰς ἀποδείξεις αὐτοῦ βεβαίας ὁρῶ κτλ. — τίς γὰρ οὐχ ὁρᾷ τὸ σῶμα καὶ τὴν ψυχὴν ἁπάντων τῶν ὑπὸ ταῖς ἄρκτοις ἀνθρώπων ἐναντιώτατα διακείμενα τοῖς ἐγγὺς τῆς διακεκαυμένης ζώνης; ἢ τίς οὐκ οἶδε τοὺς ἐν τῷ μέσῳ τούτων, ὅσοι τὴν εὔκρατον οἰκοῦσι χώραν, ἀμείνους τε τὰ σώματα καὶ τὰ τῆς ψυχῆς ἤθη καὶ σύνεσιν καὶ φρόνησιν ἐκείνων τῶν ἀνθρώπων; ed. cit. I. p. 349, Z. 35. ὅτι τὰ τῆς ψυχῆς ἤθη κτλ. — Vgl. auch ὑγιεινῶν l. II über den Zusammenhang der körperlichen Unterschiede der Völker mit dem Klima ed. cit. IV. 238, Z. 55.

antiker Naturforschung von neuem die geistige Inferiorität des nordeuropäischen Zweiges der indogermanischen Völkerfamilie als etwas natürlich Gegebenes und Nothwendiges hinstellte, eben jenes Volk seine weltgeschichtliche Laufbahn wieder aufnahm, welches berufen war, gerade auf diesem Gebiete das Werk, das die Alten selbst nicht weiter zu fördern vermochten, durch die schöpferische Neubegründung der wissenschaftlichen Erdkunde einer ungeahnten Vollendung entgegenzuführen.

Druck von J. B. Hirschfeld in Leipzig.

www.ingramcontent.com/pod-product-compliance
Lightning Source LLC
Chambersburg PA
CBHW032239080426
42735CB00008B/919